Cristián Gálvez

30 Minuten

Storytelling

30-Minuten-Reihe

Bibliografische Information Der Deutschen Nationalbibliothek

Die Deutsche Nationalbibliothek verzeichnet diese Publikation in der Deutschen Nationalbibliografie; detaillierte bibliografische Daten sind im Internet über http://dnb.d-nb.de abrufbar.

Wird empfohlen von

Copyright © 2007 N24 GmbH
(MM MerchandisingMedia GmbH)

Umschlag und Layout: die imprimatur, Hainburg
Lektorat: Friederike Mannsperger, Offenbach
Satz: Zerosoft, Timisoara, Rumänien
Druck und Verarbeitung: Salzland Druck, Staßfurt
Titelbild: Petra Schlösser ©fotolia.com

© 2009 GABAL Verlag GmbH, Offenbach

3. Auflage 2011

Alle Rechte vorbehalten. Nachdruck, auch auszugsweise, nur mit schriftlicher Genehmigung des Verlags.

Hinweis:
Das Buch ist sorgfältig erarbeitet worden. Dennoch erfolgen alle Angaben ohne Gewähr. Weder Autor noch Verlag können für eventuelle Nachteile oder Schäden, die aus den im Buch gemachten Hinweisen resultieren, eine Haftung übernehmen.

Printed in Germany

ISBN 978-3-86936-029-4

Abonnieren Sie unseren Newsletter unter:
www.gabal-verlag.de

In 30 Minuten wissen Sie mehr!

Dieses Buch ist so konzipiert, dass Sie in kurzer Zeit prägnante und fundierte Informationen aufnehmen können. Mithilfe eines Leitsystems werden Sie durch das Buch geführt. Es erlaubt Ihnen, innerhalb Ihres persönlichen Zeitkontingents (von 10 bis 30 Minuten) das Wesentliche zu erfassen.

Kurze Lesezeit
In 30 Minuten können Sie das ganze Buch lesen. Wenn Sie weniger Zeit haben, lesen Sie gezielt nur die Stellen, die für Sie wichtige Informationen beinhalten.

- Alle wichtigen Informationen sind blau gedruckt.

- Schlüsselfragen mit Seitenverweisen zu Beginn eines jeden Kapitels erlauben eine schnelle Orientierung: Sie blättern direkt auf die Seite, die Ihre Wissenslücke schließt.

- *Zahlreiche Zusammenfassungen innerhalb der Kapitel erlauben das schnelle Querlesen. Sie sind blau gedruckt und zusätzlich durch ein Uhrsymbol gekennzeichnet, sodass sie leicht zu finden sind.*

- Ein Register erleichtert das Nachschlagen.

Inhalt

Vorwort	6
1. Wozu Geschichten?	**8**
Das Spiel mit den Gewohnheiten	9
Das Spiel mit dem Unbewussten	12
Das Spiel mit der Wahrnehmung	16
2. Story-Arten und Erzählmethoden	**22**
Seeding Storys	23
Personality Storys	25
Open-Ended Storys	30
Überzeugungsstorys	32
Erklärungsstorys	34
3. Storys entwickeln	**38**
Die Wahl der Story	39
Die Besetzung	45
Kompatibilität und Konflikt	48
Das Setting	51
4. Humor im Storytelling	**54**
Was ist Humor – und was bedeutet er?	55
Haltung, Unterhaltung und gute Unterhaltung	57
Techniken aus der Humorfabrik	59
5. Vorhang auf für Ihre Storys!	**62**
Storys in den Raum tragen	63
Mit Storys arbeiten	67
Sprache, Rhythmus, Timing	71

Literaturverzeichnis 74

Register 76

Vorwort

„Durch Storytelling wird eine Geschichte nicht nur gehört, sondern auch erlebt."

Was verfolgen Sie lieber, Präsentieren „à la Chart" oder als spannende Story? Und warum sollte es Ihren Zuhörern anders gehen? In spätestens 30 Minuten wissen Sie, wie Sie jeden Inhalt – und sei er noch so trocken, sachlich, konfliktreich – leicht und überzeugend in die Köpfe und Herzen Ihres Publikums einpflanzen können!

Geschichten sind rhetorische Geheimwaffen. Sie verschaffen Zeit, vermitteln Vertrauen, stärken Ihr Profil und präsentieren Probleme oder Konflikte auf einem unverbindlichen, aber unbewusst extrem wirksamen Terrain. Wer gute Geschichten und Geschichten gut erzählen kann, gewinnt das Vertrauen seiner Zuhörer. Storys bauen Brücken. Entscheiden Sie sich fürs Storytelling – und erzählen Sie von nun an, was Sie zu sagen haben.

Wer Geschichten erzählt, stärkt und steuert die Persönlichkeit. Eine Story leistet mehr, als nur die Gäste bei Laune zu halten: Sie zeigen sich mit Storytelling als der, den Sie auf den Bühnen des Lebens wirklich und wirksam darstellen wollen.

Die Story gibt dem Erzähler und dem Zuhörer Gelegenheit, sich zu entspannen und sich dadurch kommunikativ einander zu nähern. Besonders schwieriger Stoff wird im Rahmen einer Story plötzlich federleicht, transparent, verständlich und überzeugend.

Der Erzähler hat Gelegenheit, mit dem Inhalt auch persönliche Werte, Motivationen oder Überzeugungen zu vermitteln – und mit seinem von Natur gegebenen Humor anzureichern. Er kann aber auch sehr klar und deutlich Konflikte und Probleme darstellen – wie etwa bei einer wichtigen Rede. Denn der Zuhörer hat für Storys eine entscheidend höhere Aufnahme- und Verständnisbereitschaft – auch für Themen, die auf der beruflichen oder alltäglichen „Tagesordnung" stehen. Storys können sogar auf sehr diplomatische Weise Krisen bewältigen.

Denn wir sind, im Gegensatz zu Charts, süchtig nach guten und gut erzählten Geschichten. Wer Storys erzählt, steuert die Wirksamkeit seiner Aussagen und steigert Präsenz, Profil, Persönlichkeit.

Übrigens, keine Angst! Es geht hier nicht um Rollenspiele und Mitmachtheater, sondern lediglich darum, Ihre Inhalte in einer Form zu präsentieren, von der alle Beteiligten mehr haben. Dabei bleiben Sie vollkommen Sie selbst. Besser gesagt: Sie werden Sie selbst ...

Storytelling besteht aus drei Komponenten: der Story und ihrem Nutzen (Kapitel 1-2), dem Erzählten, also dem Vollzug der Story, ihrer „Performance" (Kapitel 3-4), und dem, der die Geschichte verkörpert, dem Erzähler – Ihnen selbst (Kapitel 5). Und weil es gerade hier ein Fauxpas wäre, Sie allzu lang auf die Folter zu spannen, legen wir gleich los!

1. Wozu Geschichten?

Wissen Sie, was Storytelling bedeutet und bewirkt?
Seite 9

Kennen Sie die Möglichkeiten, sich mit Storytelling als Persönlichkeit in Szene zu setzen?
Seite 18

Wissen Sie, wie Sie Ihre Absichten mit Storytelling effektiv steuern?
Seite 19

Unterhaltende Geschichten können Perspektiven verändern, Überzeugungen umdrehen, Leidenschaft für eine Sache auslösen. Demosthenes schaffte es mit seiner Phillipika, dass das Volk nicht die Rede lobte, sondern zu den Waffen griff. Aber wie funktioniert das Stimmungsmanagement? Darum geht es in diesem Kapitel.

1.1 Das Spiel mit den Gewohnheiten

Ein Spiel ist das Zusammentreffen mehrerer Menschen unter bestimmten Regeln. Storytelling hat besondere Regeln. Wenn das Leben nur linear verliefe, würden wir uns buchstäblich zu Tode langweilen. Obwohl wir zum Leben gewisse Koordinaten brauchen, um uns zurechtzufinden, sind wir für Abweichungen dankbar. Da kommt Storytelling ins Spiel, als eine Form der Unterhaltung. Es bietet die Gelegenheit, Gewohntes aus einer ungewöhnlichen Perspektive zu sehen, und steigert die Bereitschaft, an- und aufzunehmen.
Die Zeit ist reif für Storytelling, denn wir leben im Zeitalter der Unterhaltung. Ihr Publikum wartet auf eine Story – sonst verlässt es innerlich den Raum.

Warum Geschichten?
Storytelling ist die Kunst, harte Fakten sanft zu vermitteln. Geschichten dienten seit frühester Zeit als Mittel der Bewahrung von Wahrheiten, als Gleichnis zur Orientierung oder Besserung der Moral (wie etwa das Märchen) oder auch zur Darstellung un- und unterbewusster Vorgänge. Erst das kartesianisch-wis-

1. Wozu Geschichten?

senschaftliche Weltbild unserer Neuzeit verdrängte Geschichten als Instanz der Vermittlung von Wissen und Inhalten. Bis man im Unterhaltungszeitalter feststellte, dass Kuchendiagramme dem Publikum oft nicht schmecken und schwer zu verdauen sind. Informationen sind Knochen. Storys sind aus Fleisch und Blut – mitten aus dem Leben und nicht aus der Theorie. Sie vermitteln ein „seltsames, unerhörtes Ereignis", wie Goethe die damals gängige Storyform der Novelle (in seiner Novelle ‚Novelle') definierte.

Unterhaltung – das sehen wir gerne
Die Informationsverarbeitung hat sich in unserer westlichen Gesellschaft grundlegend verändert. Schon als Kind leben wir mit Werbung und Medien an unserer Seite, spielen interaktiv und suchen nach immer neuen Anregungen. Niemand hat das Recht, andere zu langweilen. Was wir uns gerne gemerkt haben, waren nicht die binomischen Formeln, sondern die Ma-O-Am-Werbung, das Fragezeichen auf Rudi Carrells „Laufendem Band", die Jägermeister-Sprüche oder wie der „Seewolf" damals mit bloßer Hand die rohe Kartoffel zerdrückte. Kleine, unerhörte Ereignisse. That's Entertainment!
Von Apple bis Mercedes-Benz, vom Frühstücksfernsehen bis zu den Tagesthemen, von Alltag bis Zerstreuung erwarten wir mittlerweile „gute Unterhaltung". Diese Haltung ist uns längst in Fleisch und Blut übergegangen. Wenn wir nicht unterhalten werden, „schalten" wir schnell „ab" – ganz gleich ob wir in einer Sitzung hinhören müssen oder vor dem Fernseher Ablenkung suchen.

In den Storys aus Hollywood und Disneyworld wurde das Grundprinzip des Entertainment perfektioniert. Die US-Unterhaltungsindustrie ist für viele Formen das Maß aller unterhaltenden Dinge geworden. Der Wahlkampf von Barack Obama folgte perfekt den Prinzipien des Entertainment und dazu gehörte: Kein Auftritt ohne Storytelling, das Vermitteln einer Problemstellung durch Erzählen einer Begebenheit aus seiner Biografie.

Warum? Bei einer guten Story sind wir ganz Ohr und oft auch mit dem Herzen dabei. Wir fühlen uns innerlich von einem Lagerfeuer gewärmt, an dem jemand etwas Persönliches und oft sehr Rühriges buchstäblich „von sich gibt". Wer dagegen keine Storys auf Lager hat, muss um „Aufmerksamkeit bitten".

Bilder, Emotionen, Brücken bauen
Ständig ist die Rede von „Reizüberflutung". Von Entertainment-Überflutung hat man dagegen noch nie gehört. Denn für einen spannenden Stoff sind wir dankbar und aufnahmebereit. Auf reine Information reagiert das Gehirn mit natürlicher Skepsis. Eine Story liefert Bilder. Wenn ein geschilderter Sachverhalt kein Bild anbietet, wird nur die logische Gehirnhälfte bedient, während die kreative Hälfte Pause macht. Dabei verarbeitet die kreative Hälfte das Bildhafte. Bilder regen die Emotionen an, und Emotionen verändern. Für Tabellen, Charts und Zahlen muss man sich Eselsbrücken bauen. Storys bauen emotionale Brücken, liefern Fakten in Bildern, regen an und überraschen: das Prinzip Unterhaltung.

Außerdem ist eine Story etwas Persönliches. In den USA kann man sich einen Vortrag ohne eine einlei-

1. Wozu Geschichten?

tende, sensibilisierende Story kaum noch vorstellen – denn das Publikum straft neutrale Redner mit Ignoranz. Storys von den Kindern, dem Truthahn beim Thanksgiving und der Hochzeitsreise sind gerade inflationär. Da ist man ganz „Mensch" und keine Folie.

Produkte oder Personen sprechen nicht für sich selbst – mit einer Story schon. Da wird die „Sache" plötzlich beseelt, die Situation entspannt, der Vortragende ein Mensch, das Thema anschaulich, leicht humorvoll eingepackt – kleine Story, große Wirkung!

Storys liefern Bilder. Bilder schaffen Emotionen. Und Emotionen verändern unser Verhalten.

1.2 Das Spiel mit dem Unbewussten

Storytelling geht direkt unter die Haut, denn es spielt mit dem Unbewussten. Wenn Sie nicht in Zahlen, Daten, Fakten, sondern Bildern sprechen, steigen Sie direkt auf der Gefühlsebene ein und erwirken, dass Informationen im Unbewussten emotional verarbeitet werden.

Storys hintergehen die Ratio
Mit einer Story werden die rationalen Bewertungsmechanismen ausgeschaltet. Man lässt sich „ohne Bedenken" auf Geschichten ein, weil die Tatsachen in den Hintergrund gerückt werden. Geschichten sind nicht wahr oder falsch, sondern unterliegen ästhetischen Kategorien wie „gefallen" oder „nicht gefallen", „langweilen" oder „nicht langweilen". Es handelt sich um ein Ablenkungsmanöver: Wer gezielt eine Story er-

zählt, verlagert die Kommunikationsebene vom Bewussten auf das Unbewusste.

Diese Veränderung ist sogar sichtbar: Die Zuhörer beginnen, sich zu entspannen. Die Bereitschaft, zuzuhören, ist plötzlich wesentlich höher, denn der Druck, sich bewusst mit dem Inhalt auseinanderzusetzen, fällt ab. Vielmehr lässt man eine Geschichte in sich einströmen, auf sich wirken und verbindet sie mit persönlich Erlebtem oder eigenen Vorstellungen.

Erklärungen für diesen Vorgang würden ganze psychologische Abhandlungen füllen. Entscheidend für Sie: Sie haben ein Thema und ein Publikum. Sie wollen dessen volle Aufmerksamkeit. Und das erreichen Sie, wenn es Ihnen gelingt, dieses Thema in eine Story zu verpacken!

Das Unterbewusstsein nickt ab

Was geht da vor, wenn eine Story erzählt wird? Sie verlagern Ihr Thema auf eine tiefere, nichtrationale Ebene. Und damit haben Sie noch mehr erreicht: Storys können nicht hinterfragt werden. Sie sind ja objektiv betrachtet „Verhandlungsmasse". Hier geht es nicht mehr um nichts als die Wahrheit, sondern um einen Vergleich. Und wenn Sie als guter Anwalt für eine Sache ein Plädoyer halten wollen, was geschieht dann in den guten Hollywood-Filmen? Richtig: Der Anwalt, dessen Sache schon verloren schien, hebt an zu einer Geschichte. Die Geschworenen werden weich, das Publikum im Saal ist zu Tränen gerührt und am Ende wird ein fundamentales Bedürfnis deutlich: Dinge emotional nachvollziehen zu können. Bei den Gerichtsshows im Fernsehen geht es faktisch um Verbrechen, Schuld und Sühne – aber auf der emotionalen

1. Wozu Geschichten?

Ebene geht es darum, wie es wäre, wenn wir uns in dieser Situation befinden würden, was die Täter veranlasst und die Opfer zu Opfern gemacht hat: Was würde ich tun? – ein Grundgefühl, das an tiefe, unterbewusste Bedürfnisse appelliert.

An jedem Punkt der Story-„Verhandlung" setzt das Unbewusste sein Häkchen. Und was die Aufmerksamkeit angeht, reagieren wir bei jeder Story innerlich wie damals, als wir in der Kindervorstellung das Rotkäppchen vor dem bösen Wolf warnen wollten, der schon hinter dem Baum lauert: Wir fühlen mit.

Storys wirken persönlich

Eine persönliche Story bedeutet nicht, dass der Erzähler unbedingt persönlich wird, sondern dass wir das Thema persönlich nachvollziehen können. Geschichten haben immer Personen oder etwas Beseeltes zum Gegenstand (wie etwa sprechende Tiere) und sie behandeln immer etwas Menschliches. Sie bieten grundsätzlich die Gelegenheit, tiefer in Menschen hineinzuschauen, und lassen uns in der Seele Dinge sehen, die wir sonst nie zu Gesicht bekommen. Dadurch sprechen sie uns sozusagen automatisch emotional an.

Storys sind Metaphern fürs Leben

„Metapher" heißt ursprünglich: „Etwas anderswohin tragen". Es handelt sich um eine rhetorische Figur, in der ein Sachverhalt auf eine andere Ebene übertragen wird. In unserem Fall vom Wort zum Bild. Hat man das richtige „Bild" zu einem objektiven Sachverhalt gefunden, dann erzählt sich die Geschichte schon fast von selbst, unterlegt mit Ihren Absichten.

Was bildhaft ist, ist lebhaft. Storys sind erlebte Bilder. Sie wecken unsere Sinne. Überlegen Sie sich zum Beispiel einmal Ihre Storys zum Thema „Als ich das erste Mal ..." Welches Thema Sie auch immer wählen werden, die erste Autofahrt, der erste Kuss, der erste Schultag oder auch das „erste Mal" – Vorhang auf, Ihr Kopfkino beginnt und Sie werden selbst den Film sehen, der gerade in Ihrem Inneren abläuft. Das Skript dazu schreiben Sie mit links, authentisch, lebhaft und leibhaftig. Sie werden sich wahrscheinlich nicht an das Datum des „ersten Mals" erinnern, aber was würde das auch zu Ihrer Geschichte beitragen? Sie wissen aber noch, wie es nach dem „ersten Mal" später leicht regnete, wie es damals in der Schulklasse roch, welches Gesicht Ihr Fahrlehrer machte, wie die Kirchenglocken klangen, damals, im Urlaub ... deshalb ist eine Story auch eine lebendige Erinnerung, eine lebhafte Wiedervorlage Ihrer persönlichen Ereignisse.

Auf einem Bild sehen Sie nur das Wesentliche, nichts darauf ist überflüssig, alles ist bedeutsam. So ist es auch mit Ihrer Story. Sie zeigt Sie als Mensch mit genau den Facetten, die man von Ihnen wahrnehmen soll!

Storys sind trojanische Pferde

Was macht Ihre Story mit demjenigen, der sie hört – außer dass durch Bilder die Gefühlswelten angesteuert werden?

Als die Griechen in Homers Erzählung die Belagerung Trojas zum Schein aufgaben, hinterließen sie ein großes Holzpferd am Strand, das die Trojaner als Geschenk und Zeichen der Niederlage interpretierten und in die Stadt zogen. Das Pferd war gefüllt mit grie-

1. Wozu Geschichten?

chischen Kriegern, die die Stadt nun von innen aufmischten, die Tore öffneten und den Trojanern die endgültige Niederlage bereiteten.

Eine Story zieht im Unbewussten ein – aber nur wenn man vom Zuhörer dazu eingeladen wird.

Wo „Sachbearbeiter" kämpfen, hadern, scheitern, sich auf Diskussionen einlassen oder sich Kritik unterziehen müssen, lehnt sich der Storyteller zurück und kommt mit anderen Mitteln ans gleiche Ziel. Er macht seinen Zuhörern ein Geschenk, zieht sich selbst zurück und überlässt es ihnen, das Geschenk anzunehmen. Je besser die Geschichte klingt, umso eher wird sie natürlich angenommen. Schon sind Sie „drin". Und dort bleiben Sie auch eine Weile. Denn in Worte gefasste Bilder richten sich meistens schön im „Oberstübchen" ein, manchmal ein Leben lang, während Informationen schnell hier herein- und dort wieder herausgehen.

Während also die nackten Fakten auf argumentativer Ebene überzeugen müssen, können Storys charmant überreden, den Hörer hinein- und herüberziehen in ihre Welt.

Storys sind „trojanische Pferde", die das Unbewusste anzapfen. Sie dienen dazu, Sachverhalte auf einer emotionalen Ebene bildhaft zu vermitteln.

1.3 Das Spiel mit der Wahrnehmung

„Esse est percipi" – Sein ist Wahrgenommenwerden, meinte einst der Philosoph Berkeley. Durch Ihre Storys werden auch Sie wahrgenommen. Mit einer

Story kann sich der Erzähler entscheidend in Szene setzen. Dies ist der dritte Aspekt des Storytelling: Mit dem Erzählen einer Story stehen Sie fast automatisch im Mittelpunkt und haben die Chance, die Wahrnehmung Ihrer Zuhörer zu steuern.

Wahrnehmungssteuerung
Storytelling bedeutet immer, in doppeltem Sinne „eine Vorstellung zu geben": Der Vorhang geht auf und aller Aufmerksamkeit richtet sich auf denjenigen, der auftritt. Natürlich kann er die Aufmerksamkeit wieder verlieren – zum Beispiel wenn er nicht am Ball bleibt, nicht auf den Punkt kommt, zu lange abschweift – oder wenn die Geschichte gar keine ist! Dazu kommen wir später. Wenn Ihre Zuhörer jedoch ganz bei Ihnen sind, geht es wie von selbst, dass diese unbewusst abnicken.

Transderivationale Prozesse
Eine gut erzählte Story steuert das Gedächtnis und „verleitet" zu einem Abstecher ins Emotionale. Bei einer solchen Ableitung von Ratio zu Emotio spricht man von einem transderivationalen Prozess. Bei einem starken Bild öffnet das Kopfkino den Vorhang für eine lebendige Vorstellung. Und Sie sind dabei der Regisseur! Sie versetzen Ihr Gegenüber in Stimmung und bringen es zum Schwingen. Ihr versammeltes Publikum folgt bei einer geschickt erzählten Story nicht nur inhaltlich, sondern nimmt auch Ihre Perspektive und Ihre Meinung auf, ohne dass es vordergründig verlangt wird. Dabei gehen Sie wesentlich eleganter vor als ein Lobbyist. Denn eine Geschichte verlangt nicht direkt etwas, sondern nur indirekt. Diese empathische Wahr-

1. Wozu Geschichten?

nehmungssteuerung hat wiederum mit der emotionalen Komponente des Storytelling zu tun.
Eine Story vermittelt natürlich nicht nur bestimmte Perspektiven und Zielsetzungen des Erzählers – sie startet den persönlichen „Film", der bei den Zuhörern abgeht. Sie löst Assoziationen aus, die man für die eigenen hält. In Wirklichkeit steuern die Storys diese mentalen Abstecher. Und zwar genau dorthin, wohin der Erzähler sein Publikum leiten will.

Selbstinszenierung: Du bist, was du erzählst!
Beim Storytelling inszenieren Sie sich, ob Sie wollen oder nicht. Wenn Sie aber wollen, nennt man das „strategische Selbstinszenierung", das größte Kapital des Storytelling.
Neben dem Inhalt nimmt man beim Storytelling Sie selbst wahr. Wer eine Geschichte erzählt, ist präsent. Um das berühmte Zitat von Paul Watzlawick ‚Man kann nicht nicht kommunizieren' etwas abzuwandeln: Man kann sich nicht nicht inszenieren! Sie wirken immer! Mit einer gezielt platzierten Story steuern Sie jedoch diese Inszenierung, indem Sie zum Beispiel Facetten Ihrer Person einstreuen, die Sie Ihren Zuhörern mit auf den Weg in ihr Kopfkino geben wollen.
Wer sich nicht strategisch inszeniert, läuft beim Storytelling Gefahr, sich zum Märchenonkel zu machen, der neutral bleibt und eine Geschichte zum Selbstzweck erzählt. Wer auf den Brettern steht, die die Welt oder auch das Geld bedeuten, nutzt strategische Selbstinszenierung, um sich so in Szene zu setzen, wie er gesehen werden will, und um Kontrolle auf das Bild auszuüben, das man sich von ihm machen soll.

Sie gehen aus der Geschichte hervor
Strategische Selbstinszenierung vollzieht sich beim Storytelling inhaltlich und äußerlich: Die Story wirkt so, wie Sie auch selbst beim Erzählen wirken. Das bedeutet keineswegs, dass Sie zum Schauspieler oder professionellen „Geschichtenerzähler" werden sollen, der nebenbei Hörbücher besprechen könnte. Damit Sie authentisch rüberkommen und wirklich Brücken zu Ihrem Publikum schlagen, empfehlen sich eigene Geschichten. Zumindest sollte man sich aus den Storys nicht heraushalten, sondern eher beginnen mit „Ich habe einmal erlebt, wie ..." .

Wenn Sie alles richtig machen, lenkt die Story Ihre Motive in die richtige Richtung. Auf diese Weise gehen Sie als schillernde Persönlichkeit „aus der Geschichte hervor", selbst wenn Sie auch mal nicht darin vorkommen.

Stimmung! Neuronale Netzwerke
Mit Geschichten bringen Sie Ihre Zuhörer buchstäblich „auf andere Gedanken", an andere mentale Orte, in eine andere Stimmung. Ganz wie Sie wollen. Einmal im Kopf der Zuhörer angedockt, können Sie deren Denken dirigieren. Und Sie machen sich so ganz nebenbei selbst interessant, greifbar, sympathisch, populär. Denn Storytelling bietet den wunderbaren Vorteil, auf eine einfache Weise Sinn zu stiften, wo Orientierung fehlt. Es ist das Spiel mit dem neuronalen Netzwerk Ihres Gegenübers.

Das menschliche Gehirn besteht aus etwa 100 Milliarden Neuronen, zwischen denen 100 Billionen Verbindungen bestehen. Ein gigantisches Netzwerk! Jeder Mensch „befindet" sich in seinem Denken irgendwo in

1. Wozu Geschichten?

diesem Netzwerk. Vereinfacht ausgedrückt, findet hier das komplexe Zusammenspiel zwischen angebotenen Fakten und den eigenen Befindlichkeiten statt. Aktiviert man als Storyteller andere Verknüpfungen, sorgt man gleichzeitig für neue Stimmung. Das bedeutet: Im Netzwerk des Gehirns verortet man sich an einem Thema, das mit anderen vernetzt ist.

Angenommen, Sie denken gerade an schlechtes Wetter. Die Assoziationsketten in Ihren neuronalen Netzwerken werden aktiviert. Bilder öffnen sich, ähnlich wie im Traum. Vor Ihrem inneren Auge sehen Sie Blitz und Donner, Sie spüren Wind – je weiter Sie sich in diese Assoziationswelt fallen lassen, umso unschöner wird das Gefühl. Erzählt Ihnen kurz danach ein Storyteller von seinem letzten Sommerurlaub in der Karibik, den Palmen, dem warmen Meer und dem wohligen Gefühl der Sonne auf dem Gesicht, dann schlägt auch das auf Ihre Stimmung. Neue Bereiche in Ihrem neuronalen Netzwerk sind aktiviert. Sie fühlen sich besser, sehen die Dinge klarer.

Eine Story ordnet. Gerade in vertrackten Situationen kommt sie federleicht daher und vermittelt uns neue Bilderwelten. Storytelling aktiviert damit neue Verknüpfungen und kann so für bessere Stimmung sorgen. Dabei fungiert der Erzähler als Regisseur, der sich mit einer Story im Kopf des anderen einklinken und das Netzwerk steuern kann. Die richtige Geschichte zur richtigen Zeit kann Wunder wirken.

Drei Faktoren sprechen für Storytelling:
- *Der Unterhaltungsfaktor: Storys sind eine zeitgemäße Antwort auf moderne menschliche Kommunikation, weil sie unterhalten. Ihre Zuhörer folgen dem Thema emotional.*
- *Der Emotionsfaktor: Storys sprechen in Bildern, Bilder wecken Gefühle, Gefühle verändern.*
- *Der Faktor Selbstinszenierung: Storys setzen den Erzähler in den Mittelpunkt. Dieser kann sie als Kopfkino-Regisseur beliebig variieren und zielführend steuern.*

2. Story-Arten und Erzählmethoden

Wie kann ich mich durch eine Story als Persönlichkeit profilieren?
Seite 25

Wie kann ich das Vertrauen des Publikums gewinnen?
Seite 30

Wie kann ich Sachverhalte gezielt vermitteln?
Seite 34

Wie angenehm, für alle Anlässe immer eine Story parat zu haben! Wir machen Sie zum Story-Profi und zeigen Ihnen, was Sie mit den verschiedenen Story-Arten alles bewirken können.

2.1 Seeding Storys

‚Ernte, was du gesät hast', lautet das Motto der Seeding Story: Geschichten, die beiläufig Informationen ausstreuen und bei Ihren Gesprächspartnern Früchte tragen. Sie werden optimal in harmlosen Situationen eingesetzt, wie etwa vor Verhandlungen. Wo Small Talk im Raum steht, ist eine gut platzierte Seeding Story Gold wert. Gerade wenn es um das Abstecken von Ansprüchen geht, können Sie mit einer Seeding Story Ihren Standpunkt schon gezielt vorwegnehmen. Frank und frei können Sie erzählen, bevor Sie zensiert und beurteilt werden.

Einwände vorwegnehmen
Nehmen wir einmal an, Sie treten eine neue Stelle an und dummerweise hat der Flurfunk vor Ihrer Ankunft ein paar merkwürdige Informationen über Sie verbreitet, ob sie nun stimmen oder nicht. Aber das Dumme an Gerüchten ist, dass sie sich schneller verbreiten als jede offizielle Meldung. Wenn Sie einschreiten und mühsam dementieren müssen, potenziert sich Ihr vorauseilender Ruf eher noch.
Erzählen Sie lieber die rührige Geschichte von Ihrem letzten Arbeitstag, an dem der Chef Sie und Ihre Frau abends privat mit den engsten Mitarbeitern zum Essen

2. Story-Arten und Erzählmethoden

eingeladen hat, weil er Sie als Freunde behalten wollte. Dann sind alle Vorurteile von „unehrenhaft entlassen" über „sozial inkompetent" bis hin zu „harter Hund" mit einer Story vom Tisch. Im Prinzip müssen Sie die Einwände gegen Sie nicht einmal kennen – Sie erzählen einfach so, wie Sie optimal aus der Story hervorgehen wollen. Indem Sie sich selbst zum Erzähler machen, haben Sie sich locker über alles hinweggesetzt, was andere über Sie erzählen – und legen Ihren eigenen Stallgeruch über die Gerüchteküche. Nutzen Sie formelle Meetings, Kantinengeplauder oder den gemeinsamen Weg zu einem Termin, um Dinge zu verankern, die keine Zweifel aufkommen lassen. Auf diese Weise sind Sie der ‚Master of the Game' und haben viele innere Einwände oder Zweifel längst zerstreut.

Elegantes Erzählen
Was immer im Kopf Ihres Gesprächspartners hängen bleiben soll, es gelangt elegant durch eine Story dorthin, ob der Zuhörer es bemerkt oder nicht. Niemand würde sagen: „Guten Tag, ich bin übrigens steinreich." Wer seinen Wohlstand zum Ausdruck bringen will, indem er erwähnt, dass es für ihn das vollkommene Glück bedeutet, auf seinem Motorboot morgens mit der teuersten Havanna-Zigarre im Mund hinaus aufs offene Meer zu steuern, wird wohl zu Recht als ungelenker, profilsüchtiger Parvenü abgestempelt und erreicht das Gegenteil seiner Absichten.

Ein geschickter Erzähler wird seinen Wohlstand in beiläufigen Dosen verraten und mit Sympathie mixen. Er sagt zum Beispiel, dass es schon als Kind sein Traum gewesen sei, ein Boot zu besitzen. Dass er nach dem

Abitur sogar überlegt habe, an die Küste zu gehen und hauptberuflich Boote zu bauen. Dass er seine Karriere dann darauf abgestimmt habe, sich dieses Boot einmal leisten zu können. Und dass er jede Spriterhöhung und jede Renovierung in Kauf nähme, um ein paar Mal im Jahr auf der Flybridge zu stehen und über die Wellen zu reiten. Und wenn er sich Jacht und Havanna nicht mehr leisten könne, sei er auch in einem Tretboot glücklich, Hauptsache, er rieche ab und zu Salzluft …

Auf diese Weise wird aus bloßer Angeberei eine Geschichte, die positiv beeindruckt. Wenn eine gezielte Aussage in einen Story-Rahmen gesetzt wird, spürt man die Freiheit, dort beliebig alles hineinpacken zu können, was beim Gegenüber ankommen soll. Darüber hinaus macht die Story Sie zu einem vertrauensvollen, greifbaren Menschen: ein Mensch wie du und ich.

Seeding Storys dienen Ihrer Profilierung und dazu, möglichen Fehleinschätzungen, Einwänden oder Vorurteilen gegenüber Ihrer Person zuvorzukommen, etwa in einem Verhandlungsgespräch.

2.2 Personality Storys

Personality Storys unterstreichen Ihren Charakter und machen Sie für andere greifbar. Sie gewinnen mehr Vertrauen. Sie öffnen einen Freiraum, den Sie selbst einrichten und gestalten können. Statt etwas zu viel über sich zu erzählen, können Sie auch ganz professionell alles, was Sie erreichen wollen, perfekt in einer Story verpacken.

2. Story-Arten und Erzählmethoden

Persönlichkeiten teilen mit, was sie wollen!
Nur mit Menschen, die zum Ausdruck bringen, was sie wollen, kann man etwas anfangen. Sie ragen aus der Masse heraus. Erzählen Sie, was Sie wollen – in beiderlei Bedeutung. Victoria Beckham hat einmal gesagt: „Ich will bekannter sein als Persil." Und es stimmt: Alle ihre Aktivitäten kann man auf diese Aussage zurückführen und gespannt beobachten, wie sie das anstellt. Die Figur Beckham ist greifbar geworden, weil wir wissen, was sie will. Jede Beckham-Story in der Yellow Press manifestiert diesen Willen. Nicht als Ex-‚Spice Girl' und Ehefrau, sondern um dieses Willens willen steht sie so oft im Rampenlicht. Ein Phänomen, das man auch von Verena Pooth kennt. Wo ein Wille ist, geht die Story weiter. Erzählen Sie nicht, wer Sie sind, sondern, wer Sie sein wollen!
Geschichten sind Entertainment und dienen Ihrer Profilierung. Und Menschen können über Geschichten erfahren, mit wem sie es bei Ihnen zu tun haben, mehr noch: was Sie wollen! Sie werden mit Personality Storys am eigenen Leib spüren, wie Ihre Beliebtheitskurve ansteigt.

Personality Storys als Wertebekenntnisse
Mit dem trojanischen Pferd „Story" wird nicht nur rein Informelles in die Köpfe und Herzen Ihrer Dialogpartner getragen, sondern auch Ihre Ein- und Vorstellungen – natürlich immer vorausgesetzt, dass Sie Storys erzählen, die zu Ihnen passen!
Bei einer Story über Ihr Hobby Reiten können Sie beispielsweise vermitteln, wie einfühlend Sie mit anderen Lebewesen umgehen. Davon kann jeder Zuhörer

ableiten, dass Sie auch mit Ihren Mitmenschen einen solchen Umgang pflegen. Wenn ein Pferd irgendwann so viel Zutrauen zu Ihnen hat, dass es anfängt zu wiehern, wenn Sie den Stall betreten, sagt das eine Menge über Sie aus. Seien es Bekenntnisse zu regelmäßigen Ausflügen in ein amerikanisches Schnellrestaurant oder Ihre nebenberufliche Tätigkeit als unentgeltlicher „Kindergarten-Cop": Was die Menschen über Sie denken sollen, liegt ganz in Ihrer Macht. Zu empfehlen sind Storys aus der eigenen, abgeschlossenen Vergangenheit. Sie sind harmlos und unangreifbar, zeigen aber oft konkrete Lebensentscheidungen und fundamentale Einstellungen zur Welt auf.

Der Obama-Faktor: Personality Storytelling

Niemand in der jüngsten Geschichte hat sich so perfekt in Szene gesetzt wie der neue US-Präsident Barack Obama. Schon während des Wahlkampfes wurde nichts dem Zufall überlassen, schon gar nicht bei seinen Auftritten. Am Ende gab es eigentlich nichts, was eine Frage bezüglich seiner Persönlichkeit und seinen Visionen offengelassen hätte. Fast alles, was Obama vermitteln wollte, hat er durch die Blume „Story" gesagt.

Das Unglaubliche dabei: Seine Herkunft, die sich über den halben Erdball erstreckt, seine Hautfarbe, seine Drogenvergangenheit, all das hätte ihm durchaus zum Nachteil gereichen können. Obama hat es stets zum Vorteil genutzt – durch Personality Storys, lange vor seinem Antritt als Präsidentschaftskandidat in seiner Autobiografie festgehalten. Somit ist er allen Fragen und Versuchen, schmutzige Wäsche gegen ihn zu waschen, zuvorgekommen. Er lieferte stets eine

2. Story-Arten und Erzählmethoden

schlüssige Erklärung, selbst zu den negativsten Auswirkungen seines Lebensweges. Nicht die Bekenntnisse, sondern Obamas (übertragbare) Willensbekundungen in den Storys führten dazu, dass entscheidende US-Staaten, die fest in republikanischer Hand schienen, ihm mehrheitlich ihre Stimme gaben. Was ist solch eine Geschichte gegen die nackte Aussage: „Ich trete an, um das Elend in der Welt zu bekämpfen"?

Die Tatsache, dass Obama kein Theater spielt, aber etwas von sich preisgibt, was seine Persönlichkeit und seinen Willen belegt, machte ihn zur vertrauenswürdigen Figur im US-Wahlkampf. Aber andere können ihren Willen auch gut in eine Story packen, um packend zu erzählen – wie zum Beispiel Angela Merkel.

Willensbekundung im Kleinen: Angela Merkel

Zum 80. Geburtstag des Zeitungsverlegers Alfred Neven DuMont fand Bundeskanzlerin Angela Merkel folgende Worte:

„(...) Mit den berühmten Kunstprodukten hat auch meine persönliche Bekanntschaft mit Ihrem Hause begonnen. Weit vor dem Fall der Mauer bin ich mit wenigen im Strumpf geschmuggelten D-Mark aus der DDR nach Budapest gefahren. Dort habe ich mit großen Augen Kunstbücher gekauft, die es sonst nicht gab. Das erste, was ich erwarb, war ein Buch aus Ihrem Hause über Paul Klee. Ich halte es heute noch in großen Ehren. Ich erinnere mich gut daran, als ich Sie das erste Mal in Köln besucht habe und die gesamte Pracht dessen, was mir früher unerreichbar schien, dann auch dort sehen konnte.

Lieber Herr Neven DuMont, dass ich heute nicht mehr mit geschmuggelten D-Mark nach Budapest fahren muss, sondern Ihre Laudatio halten kann, das zeigt auch, wozu die freie Presse einen Beitrag leisten kann. Tun Sie das weiter für eine gerechte Welt. Herzlichen Dank und alles Gute!"

Quelle: Bundesregierung. Rede vor dem Bundesverband der Deutschen Zeitungsverleger am 23. April 2007. (http://www.bundesregierung.de/Content/DE/Bulletin/2007/04/44-2-bk-dumont,layoutVariant=Druckansicht.html).

Was verändert die Erwähnung eines Kunstbuches von Paul Klee? Angela Merkel hat ihren Vortrag „beseelt" und dabei klargemacht: „Ich mache bei großer Kunst große Augen, unterwandere dafür das System, war immer der Einheit zugeneigt – und bin erleichtert, dass es heute anders ist –, bin für den freien Markt und die Möglichkeit, sich frei zu entfalten!" Hätte Angela Merkel diese Interpretation vorgelesen, wäre sie über ein beifälliges „JaJaJa" kaum hinausgekommen. Stattdessen hat sie mit einer Mini-Story ihre Persönlichkeit gezeigt – und zudem, was sie will und wofür sie steht. So verfolgen wir ihre Worte mit Passion und denken: „Was für eine sympathische Person. Ein authentischer Mensch!" Wie geht Ihre Geschichte, die Ihren Willen bekundet? Wo ist Ihr kleines Kunstbuch versteckt?

Personality Storys dienen dazu, sich als Person greifbarer zu machen und dadurch einen Zugewinn an Vertrauen beim Publikum zu erreichen. Oftmals werden eigene Ziele durch „kleine persönliche Geschichten" versinnbildlicht, die das gleiche Thema in sich tragen, das auf der Agenda steht.

2.3 Open-Ended Storys

Das fängt ja gut an, Ihre Geschichte! Aber hört sie auch gut auf? An einem gewissen Punkt kann man sich fast denken, wie sie ausgehen soll. Oder sie lässt mehrere Enden offen. Dann lösen Sie einen interaktiven Prozess aus: Ihre Zuhörer setzen die Geschichte fort. Open-Ended Storys bieten sich zum Beispiel an, wenn Ihre Zuhörer mitarbeiten und sich einen Reim auf Ihre Aussage machen sollen. Der Vorteil: Sie müssen niemanden zu irgendetwas überreden oder überzeugen – die Meinung des Publikums wird ihm nicht oktroyiert, sondern bildet sich von selbst. Ihre Zuhörer malen das Bild zu Ende, das Sie begonnen haben. Aber mit Ihrem gewünschten „impact".

Beispiel 1: Obama weitererzählt

US-Präsident Barack Obama ist in diversen „Seeding Storys" seiner Biografie (über seine Herkunft, sogar über Drogenerfahrungen) nicht nur möglichen Angriffen zuvorgekommen. Er konnte als einen seiner größten rhetorischen Erfolge erfolgreich vermitteln, dass er als junger Mann beschloss, etwas gegen das Elend in der Welt zu tun. Das erzählen Tausende andere auch, aber Obama nahm man es im Wahlkampf ab. Warum?

Obama erzählte oft die Geschichte von Elend und Diskriminierung, die er am eigenen Leibe in jungen Jahren im berüchtigten Süden Chicagos erlebte. Wie er als Sozialarbeiter feststellte, dass man in dieser Position keinen Einfluss ausüben kann, und sich schließlich im Jura-Studium durchsetzen konnte, danach einen hoch profitablen Job in einer renommierten Kanzlei ablehnte, um für wesentlich weniger Geld eine Laufbahn als Politiker, also als Sozialhelfer auf einer höheren Ebene, einzuschlagen. Dass er ein solcher sein will, hat die aktenkundige Obama-Biografie bewiesen. In einer betuchten Anwaltskanzlei hätte er diese Ziele nicht verfolgen können, sondern hätte vermutlich sogar Mandanten und Argumente gegen seinen Willen vertreten müssen.

Hier endet die Geschichte meistens. Aber in Wirklichkeit begann sie erst. Denn nun entschied der Zuhörer, das amerikanische Wahlvolk. Wenn der US-Präsident auf einer Bühne stand, ging millionenfach das Kopfkino an: „Das bedeutet also, dass dieser Mann sich wirklich der Probleme und Missstände annehmen will. Diesem Mann traue ich zu, eklatante soziale Probleme in den Griff zu bekommen, weil er den Willen dazu hat!" Erst das Kreuzchen auf dem Wahlzettel schrieb die Story zu Ende.

Beispiel 2: Der gute Hirte

Keine TV-Talentshow, kein DSDS oder Dschungelcamp ohne die Storys, die sich aus dem Ablauf ergeben. Und kein Sieger, der nicht als bester Unterhalter die Krone davonträgt. Nicht der beste Dschungelprüfungsabsolvent bleibt bis zuletzt im Camp, sondern derjenige mit dem größten Unterhaltungswert. Das Millionenpublikum am TV-Gerät gibt den Menschen mit den menschlichsten Storys seine Stimme – und votet damit die größten Langweiler nacheinander heraus.

In den Talentshows läuft es nicht anders. Hätte uns der Tenor Paul „One Chance" Potts auch dann berührt, wenn er keine rührige Story angeboten hätte? Tenorsänger gibt es viele. Hätte man nicht erfahren, dass der nicht besonders attraktive, bescheidene Handyverkäufer all seine Hoffnung in „Britain's Got Talent" auf sein einziges Kapital – seine Stimme – setzte, hätte er dann gewonnen und eine unglaubliche Karriere starten können?

Auch die Sieger der „Superstars" und „Supertalente" haben immer eine Story, die in den Trailern gezielt inszeniert wird. Wer wäre Michael Hirte, wenn nicht alle Welt das Schicksal des (ins Koma) gefallenen Lkw-Fahrers kennen würde, der sich in der Potsdamer Fußgängerzone an seine Mundharmonika klammert? Ein schlecht angezogener, humpelnder Mann, der „Ave Maria" mit zu viel Vibrato spielt. So aber lässt sich der clevere Erfolgsproduzent Dieter Bohlen zu der Fürbitte hinreißen: „Du hast nichts, du hast uns reich beschenkt und jetzt müssen wir dir etwas zurückgeben!" Der Rest ist Geschichte – die Voter haben ihn zum größten Talent gekürt und damit seine Story zu einem unglaublichen Happy End geführt.

Open-Ended Storys dienen der Einbeziehung des Publikums: Entweder inhaltlich (die Geschichte wird zu Ende gedacht) oder als Transfer (der Zuhörer überträgt die Inhalte innerlich auf sich und entscheidet zum Beispiel durch eine Wahl, wie die Story ausgehen soll).

2.4 Überzeugungsstorys

„Ich war einmal ..."
Eine Überzeugungsstory ist ein erzähltes Beispiel, etwas von Ihnen Erlebtes. Also nicht: „Nehmen wir

einmal XY", sondern: „Ich habe schon einmal etwas Ähnliches erlebt, nur in einem anderen Zusammenhang …" Durch das Selbsterleben sind Sie im ersten Schritt von der Theorie in die Praxis, in Ihre eigene Erfahrungswelt eingetaucht, das macht Sie menschlich. Nun erzählen Sie von einer Situation, die der aktuellen Problemstellung entspricht, und das möglichst banal, auf Alltagsniveau. Erzählen Sie von Ihrem Friseur, der jetzt feste Termine macht, von Ihrer Sekretärin, die sich von ihrem Mann bekochen lässt, und von dem, was Ihnen an anderen Mitmenschen einmal positiv aufgefallen ist, immer im Zusammenhang mit der Situation/Problematik, um die es geht.

Erzählen Sie, in welcher (gleichen) Situation sich Ihr Held befand und wie er die Sache für sich gelöst hat. Dann geschieht meistens das kleine Wunder mit Namen „Verstehen". Verstehen bedeutet, dass sich jemand in die Lage anderer versetzt, wodurch ein Perspektivenwechsel und eine bleibende Änderung der Sichtweise herbeigeführt wird. Deshalb sind Überzeugungsstorys auch als Feedback geeignet: Sie wirken wie ein Gewitter, nach dem die Luft wieder rein ist – ohne dass irgendjemand dabei nass geworden ist.

Überzeugungsstorys lassen den berühmten Groschen fallen. Sie steuern Ihr Gegenüber über sein neuronales Netzwerk. Ohne dass einer der Beteiligten sein Gesicht verliert oder verärgert wird, haben Sie als Erzähler tief verwurzelte Wünsche wertfrei und konstruktiv heraus- und die Situation vermutlich für alle Beteiligten auf ein besseres Niveau gestellt.

2. Story-Arten und Erzählmethoden

Überzeugungsstorys stammen aus der Erfahrungswelt des Erzählers und geben dem Zuhörer die Gelegenheit zur Änderung der Perspektive. Ihr Ziel ist es, die eigene Überzeugung zu vermitteln.

2.5 Erklärungsstorys

Wenn der Inhalt einer potenziellen Überzeugungsstory zu nah an der Thematik ist, ist es besser, eine Erklärungsstory einzusetzen. Sie dient primär dazu, komplexe Sachverhalte auf eine möglichst einfache, einleuchtende Art zu vermitteln.

Ein Bild: Stellen Sie sich mal vor ...
An Erklärungsstorys zeigt sich, wie federleicht und simpel Storytelling selbst schwierige Sachverhalte darstellen kann. Ganz nach dem Motto „Welche Farbe hat eigentlich ein Betriebskostenzuschuss oder eine Spargewinnzulage?" können Sie trockene, rein theoretische Themen in allen Formen und Farben darstellen, Ihre Zuhörer vor dem Einnicken bewahren und als guter Unterhalter einen Zugewinn für sich verbuchen. Egal, wie theoretisch eine Sache daherkommt – es gibt ein Bild dafür. Nehmen Sie zum Beispiel ein Wort, das aus zwei (oder mehr) Substantiven besteht, und überlegen Sie sich eine einfache Definition: „Lohnfortzahlung, das ist, wie wenn ich Geld von meinem Arbeitgeber bekomme, auch wenn ich gerade gar nicht arbeite, weil ich zum Beispiel krank bin und zu Hause im Bett liege." Und so funktioniert es auch bei komplexen, möglicherweise widersprüchlichen Sachverhalten, die Sie erklären müssen.

Das kleine Bild: Riester mit Rosinen erklären
Bei Erklärungsstorys verlagern Sie einen problematischen Sachverhalt auf eine andere Ebene. Diese kann, wie bei Überzeugungsstorys, niemals zu banal sein. Beispielsweise wenn Sie eine Versicherung vertreten und die Riester-Rente mit Rosinen erklären: „Stellen Sie sich einmal vor, Sie haben einen riesigen Kuchen vor sich stehen, der ganz allein für Sie bestimmt ist. Sie müssen den Kuchen allerdings ohne Besteck essen. Sie beginnen also, den Kuchen langsam aufzuessen und kommen naturgemäß irgendwann in die Mitte. Aber dort erwartet Sie nur ein großes Loch. Mit der Riester-Rente wäre die Mitte nicht nur ausgefüllt, sondern mit Rosinen gefüllt. Der Kuchen ist Ihr Leben, das Essen Ihre berufliche Laufbahn und das Ende mit Luft statt Rosinen ist die Rente ohne Riester.

Nun können Sie die Story noch personalisieren, indem Ihr eigenes Kind darin vorkommt, das erst einen Roller, dann ein Fahrrad und schließlich ein Motorrad will – bis es eben finanziell nicht mehr geht. Am besten, Sie schmücken das Ganze so aus, dass jeder die Sorgen und Nöte von Familienvätern oder Müttern nachempfinden kann. Wie das Vorsorgeprodukt heißt und im Einzelnen dann funktioniert, spielt nur noch eine Nebenrolle. Ihr Publikum hat die „Message" schon verstanden und konnte sich von ihrem Sinn am eigenen Leibe überzeugen.

Das große Bild: Die sieben Weltmeere
Erklärungsstorys können aber auch das ganz große Bild malen – vor allem, wenn es darum geht, dass Ihr Publikum einmal über den Tellerrand seiner Alltags- und Problemwelt schauen soll.

2. Story-Arten und Erzählmethoden

Das größte Arsenal für Erklärungsstorys ist die Bibel. Sie erklärt fast nichts, aber vermittelt alles in Bildern. Die Geschichten vom barmherzigen Samariter, von Kain und Abel, Moses oder vom vorbildhaften Leben von Jesus Christus werden fast ausschließlich in Form von Gleichnissen abgehandelt. Nicht allein, weil Gleichnisse und Geschichten in der vorwissenschaftlichen Zeit das adäquate Mittel waren, um Dinge zu veranschaulichen, sondern weil sie zum Denken und Umkehren anregen: Sie thematisieren nicht nur die Zehn Gebote, Gottvertrauen, Selbstlosigkeit oder die Fähigkeit, seine eigenen Feinde zu lieben – sondern auch den daraus resultierenden Nutzen. Hätte man kein Bild vor Augen, müsste man sich diese Anregungen immer mühsam neu „vor Augen führen" und die Erklärung sozusagen reanimieren. Eine Story aber führt zum Verstehen und lebt in uns weiter.

Worte sind leicht dahergesagt, aber erst der passende Film, der bei Ihrem Publikum ablaufen soll, sorgt für Emotionen, Dynamik, Richtungsänderung, Überzeugung, neuer Motivation. Wie nach den Reden von Demosthenes heißt es dann nicht: „Gut gebrüllt, Löwe", sondern: „Lasst uns losziehen!"

Das ganz große Bild empfiehlt sich auch, um den Sinn und Zweck dessen zu demonstrieren, was man tut. Denn oftmals sieht man bei komplexen Vorgängen den berühmten Wald vor lauter Bäumen nicht. Dieser „Wald" ist der Sinn.

Natürlich kann man sich der Parabel von Antoine de Saint-Exupéry bedienen, nach der man ein Schiff nicht baut, damit es fertig ist, sondern um die sieben Weltmeere zu besegeln, aber vielleicht fällt Ihnen dazu noch etwas anderes ein, zum Beispiel eine eigene, ganz persönliche Geschichte ...

Ihre Storys gehören auf die Bühne
Geschichten sind zum Erzählen da! Sobald Sie aber erklären müssen, warum Sie diese Geschichte erzählt haben, ist es wie mit dem Witz, den keiner verstanden hat. Die Interpretation muss dem Publikum überlassen bleiben. Dabei bleibt ein gewisses Risiko. Sie haben es jedoch jederzeit in der Hand, einen „Aha-Effekt" zu erzielen. Jede Bühne ist reif für eine Geschichte und Bühnen gibt es überall, auf dem Flur, in der Kantine, im Meeting, vor Gästen, vor Kunden, unter Freunden: immer dort, wo Sie nicht allein sind.

Jede Story zu ihrer Zeit:
- *Seeding Storys: Sie streuen Informationen ein, mit denen Sie möglichen Einwänden oder Zweifeln zuvorkommen.*
- *Personality Storys: Sie unterstreichen Ihre Persönlichkeit und inszenieren sich als Persönlichkeit, die immer Aufmerksamkeit erzeugt.*
- *Open-Ended Storys: Sie beweisen schon Coaching-Qualitäten, indem Sie das Ende offen und für Ihre Zuhörer frei wählbar lassen.*
- *Überzeugungsstorys: ersparen Ihnen viel Ärger und sorgen für einen schnellen Perspektivenwechsel, den Sie mit nackten Fakten niemals erreichen würden.*
- *Erklärungsstorys: bringen durch „Bebilderung" die Botschaft auf den Punkt und machen selbst komplexe Themen für die Zuhörer erlebbar.*

3. Storys entwickeln

Wo finde ich meine Storys?
Seite 39

Was bewirken Nebenrollen in Geschichten?
Seite 46

Was macht eine Story massenkompatibel?
Seite 51

Kommen wir zu dem „Was": Was macht meine Story zur Story? Was muss darin enthalten sein, damit beim Gegenüber das Kopfkino angeht – und wie baue ich die Story am geschicktesten auf? Darum geht es in diesem Kapitel.

3.1 Die Wahl der Story

Strategisches Storytelling ist a) persönlich und geht b) über Ihre alltäglichen Erfahrungen hinaus. Sie erzählen von sich. Live. Authentisch. Und wenn es sich „nur" um das Vorwort im Geschäftsbericht handelt: Ihre Storys bringen das Thema zum Klingen. Denn Sie erzählen etwas, was Sie selbst einmal auf irgendeine Weise berührt hat. Deshalb finden Sie die perfekte Story nicht im Märchenbuch, sondern nur in sich selbst.

Die Idee
Eine Story nehmen und nicht stehlen – leichter gesagt als getan. Viele Erzähler, selbst Romanautoren, erzählen irgendetwas, aber selten etwas authentisch Erlebtes. Sie, verehrter Storyteller, erzählen dagegen selbst. Horchen Sie in sich hinein. Filtern Sie Geschichten heraus, die Sie aus irgendeinem Grund nicht vergessen haben. Es werden mit Sicherheit Geschichten sein, bei denen Veränderungen, Entscheidungen oder Grenzerfahrungen eine Rolle spielen. Ihre Erinnerung hat also schon vorselektiert, welcher Stoff infrage kommt!
Die Geschichten liegen auf der Straße Ihrer biografischen „Roadmap". Das Material für eine Story ist das Leben. Nach Robert McKee dreht sich eine Story um

3. Storys entwickeln

eine überdurchschnittliche menschliche Erfahrung (McKee, Story, S. 225). Die Ereignisse, die sich Ihr Gedächtnis gemerkt hat, sind folglich storyverdächtig, da Sie Ihre durchschnittlichen Erfahrungen vergessen. Meistens handelt es sich um fundamentale Veränderungen, Entscheidungen oder Einschnitte, die Sie selbst erlebt oder an anderen erfahren haben.

Die Wahl des Themas
Denken Sie zurück: Was Sie als Highlights in Ihrem Leben wahrnehmen, ist eine Story wert. Deshalb ist es an der Zeit, sich ein Notebook zu schnappen und in ein paar Zeilen aufzuschreiben, was Ihnen an Geschichten kommt – um sie bei passender Gelegenheit einzusetzen. Denn jedes Mal, wenn Sie denken: „Dazu fällt mir folgende Geschichte ein", haben Sie ein passendes Bild am Haken, das Ihnen die Darstellung leichter macht. Ein gut gefülltes Story-Archiv macht deshalb Sinn.

Alles, was Sie selbst beschäftigt, was Sie geärgert, berührt, gerührt hat, kurz, alles, was Sie selbst emotional in Bewegung versetzt hat, hat das Potenzial, eine gute Geschichte zu werden.

Wenn Sie die Story aufschreiben, wird noch mehr geschehen. Ihnen wird noch viel mehr an Details einfallen, als Sie anfangs dachten. Wenn Sie zu einem passenden Anlass eine passende Geschichte gefunden haben, haben Sie die Gelegenheit, dieser Story nach Ihren Zielen eine Richtung zu geben.

Niemand kann Sie zwingen, die Wahrheit und nichts als die Wahrheit zu sagen. Sie erzählen schließlich. Das gibt Ihnen Gelegenheit, die Geschichte auf Ihr Ziel hin auszugestalten. Wenn ein Detail besonders gut passt, heben Sie es besonders hervor, indem Sie zum Beispiel mit diesem Stichwort beginnen. Wenn Sie im wahren Leben schlecht weggekommen sind, drehen Sie die Story um, machen Sie den Helden zum Deppen und sich zum Helden. Und wenn Sie eine Story hören, die Ihnen gefällt, machen Sie sich zu ihrem Helden. Solange Sie klarmachen, dass es sich um eine Geschichte handelt, machen Sie sich nicht zum Münchhausen.

Selbstverständlich ist Ihnen freigestellt, auch eine gelernte Parabel, ein Märchen oder eine Musterfabel zu erzählen – dort müssen Sie allerdings den Abstrich hinnehmen, dass Sie als Person nicht vorkommen und sich selbst damit wenig ins rechte Licht rücken können.

Der Effekt: „Es lässt sich keine Story über einen Protagonisten erzählen, der kein Ziel hat, der keine Entscheidungen treffen kann, dessen Handlungen keine Veränderung auf irgendeiner Ebene bewirken" (Robert McKee, Story, S. 157). Die Story wird Sie folgerichtig als jemanden darstellen, der einen Willen und Ziel hat. Aber wie ist Ihre Handlung angelegt? Welche wesentlichen Elemente verstärken Ihr Auftreten?

Muster bilden
Wann erzähle ich welche Geschichte? Wenn der gegebene Sachverhalt einem Muster in Ihrer Story-Sammlung entspricht, haben Sie das „Buch zum Film" bereits gefunden.

Dieses Muster finden Sie auch durch simple Analyse. Der Begriff „Analyse" findet sich zum ersten Mal in Homers Epos „Odyssee": Penelope, die Frau des

3. Storys entwickeln

Odysseus, entrollt Nacht für Nacht ihr gewobenes Tagwerk wieder zu einem einzelnen Faden. Analyse bedeutet Entwirrung. Wenn Ihnen ein gegebener Sachverhalt vorliegt, zum Beispiel eine anstehende Rede zum Thema „Jahresrückblick", reihen Sie innerlich auf, was in dem Jahr geleistet wurde und was sich verändert hat (Beispiel: Börsengang und die damit verbundene geschäftliche Anstrengung). Dann „stricken" Sie Ihre Geschichte daraus – zum Beispiel mit einer Analogie aus Ihrem Leben (paralleles Thema „Horizonterweiterung"): „Als ich als junger Mann Abi machte, ging mein beruflicher Horizont gerade mal bis zu Onkel Dieters Werkstatt mit Festanstellung ..."

Um diese Analogie und damit Ihr Muster zu finden, reicht ein Blick in Ihr Story-Archiv; oder Sie beginnen mit einem einleitenden Brainstorming: „Das erinnert mich an ein Ereignis, das ich mal erlebt habe ..."

Eine gute Story ist wie ein persönliches Geschenk. Es ist aber ein Unterschied, ob Sie einer Person, die Ihnen etwas bedeutet, etwas Beliebiges wie Pralinen, einen Schneebesen oder ein Buch schenken, oder ob Sie sie mit einem Geschenk anregen und überraschen, das zeigt, dass Sie sich etwas überlegt haben: etwa Konzertkarten für den Star, von dem sie neulich so geschwärmt hat. Letzteres wirkt Wunder. Denken Sie sich daher in die Menschen hinein und erzählen Sie, was deren Bedürfnissen entspricht.

Wahrnehmungsveränderung

Als Protagonist stehen Sie einer Story vor, in der Sie Veränderungen herbeirufen (Entscheiden) oder auch etwas wahrnehmen, was Ihre Meinung oder Ihr Verhalten ändert (Erleben). Dann erzählen Sie eine Geschichte im Tenor: „Damals habe ich erkannt, dass ..." Wenn Sie beispielsweise einmal einen Politiker erlebt haben, der in der gleichen „politischen Situation" steckte wie Sie selbst, können Sie mit viel Pathos erzählen, wie Sie damals diese Person erlebt haben, wie sie die Situation gemeistert hat und was Sie damals für sich gelernt haben: „Als Joschka Fischer damals auf dem Grünen-Parteitag in der Diskussion um die Teilnahme an Kriegen von einem Mitglied einen Farbbeutel abbekommen hat, stand er wenig später mit dem versauten Sakko am Pult und erläuterte unbeeindruckt seinen Standpunkt, ohne auf den ‚Anschlag' einzugehen. Er erzählte nur von seinen Motiven als Politiker. Fischer drehte damit die gesamte Gesinnung. Das hat mich sehr beeindruckt!"

Eine kritische Situation können Sie perfekt meistern, indem Sie Ihr Publikum reflektieren lassen, wie man sich in einem solchen Fall am besten entscheidet. Schließlich gehen Sie als der Protagonist aus der Geschichte hervor, der die optimale Entscheidung trifft. Sie können sogar noch im Laufe des Erzählens die Reaktion des Publikums einbauen und so die Handlung steuern und optimieren.

Empathie – „Das bin ja ich"
Wir mögen Menschen, die sich zeigen – möglichst von einer individuellen Seite. Mit einer persönlichen Geschichte kreieren Sie Empathie: Sie zeigen sich von Ihrer menschlichen Seite oder geben eine menschliche Seite preis. Diese Maßnahme gibt dem Zuhörer die

3. Storys entwickeln

Gelegenheit, innerlich eine Kopie davon herzustellen. Denn alles, was menschlich ist, können andere Menschen nachvollziehen. Wenn es außerhalb normaler Erfahrungen liegt, was Sie erzählen, können Sie daher mit besonderer Aufmerksamkeit rechnen, denn der Zuhörer denkt: „Was wäre, wenn ich in diese (zugespitzte) Situation käme?"

Aufgepasst! Empathie ist nicht gleich Sympathie. Sympathisch ist Ihr Nachbar – und meistens auch ziemlich langweilig, eben „nett". Empathisch bedeutet nicht „nett", sondern „menschlich nachvollziehbar". Eine Person, die in uns eine Regung hervorruft, weil wir uns emotional an ihre Stelle versetzen können, wirkt empathisch. Die Regung lautet: „Der/Die ist ja (ein Mensch) wie ich."

Das hat mit Gut und Böse wenig zu tun. Wir gleichen auch Shakespeares Serienmörder Macbeth mit uns ab, weil sein Handeln unter den gegebenen Umständen nachvollziehbar bleibt: „Die Situation kenne ich. Was hätte ich unter diesen Umständen unternommen?"

Vermeidung von Klischees

Eine Geschichte, die Klischees behandelt, ist wie ein Witz, den man schon kennt und noch einmal erzählt bekommt: Man erntet ein müdes Lächeln oder sogenannten „Golfapplaus".

Klischees sind überkommene Vorstellungen, längst bekannte Denkschemata oder Redensarten. Ein Fazit wie „Das Leben ist eines der schwersten" oder „Man hat's nicht leicht, aber leicht hat's einen" quittieren die meisten Menschen entsprechend mit einem Gähnen: Man hat ihnen nichts Neues erzählt.

Damit Ihre Story von Beginn an zündet, erzählen Sie sich die Story am besten auch selbst, als hörten auch Sie sie zum ersten Mal. Das tun Sie auch beim Formulieren. Je besser Sie sich zuhören, umso besser wird die Geschichte. Auf diese Weise wirken Sie aufgeweckt und neugierig und vermeiden, so auszusehen, als läsen Sie vom inneren Teleprompter ab. Als Redner haben Sie bei einer Story die wunderbare Gelegenheit, die ganze Zeit über ins Publikum zu schauen.

Ihre besten Story-Ideen finden Sie in Ihren überdurchschnittlichen Erfahrungen: dort, wo Veränderungen, Entscheidungen, Grenzerfahrungen gemacht werden oder sich neue Perspektiven ergeben. Denn diese enthalten keine Klischees und können von jedem nachvollzogen werden.

3.2 Die Besetzung

Warum braucht man gleich „glorreiche Sieben"? und wieso ist es „ein Fall für zwei"? Nebenrollen sind Verstärker. Sie machen den Protagonisten der Geschichte oft erst interessant, weil er menschlich erscheint und Vertrauen erweckt.

Hauptrolle – Seien Sie der Held, aber nicht ein Held
Die starken Helden sind nicht mehr zeitgemäß. Die brüchigen Charaktere fesseln uns. Seit ein paar Jahrzehnten spricht die Literatur nicht mehr von Helden, sondern von Protagonisten: Figuren, die einer Geschichte vorstehen. Sie sind überall zu finden, mit Stär-

3. Storys entwickeln

ken wie Schwächen ausgestattet: „Die letzte Inkarnation des Oedipus mag diesen Nachmittag an der Ecke der 5th Avenue und der 42. Straße stehen und auf das Verkehrslicht warten, das ihm den Übergang freigibt." (Joseph Campbell, Der Heros, S. 14)

Moderne Helden haben Schwächen – selbst James Bond (Schwäche für Frauen) oder Spider Man (Schwäche für eine Frau, ohne Kostüm kraftlos und „einer von uns"). Sie spielen nicht den Helden, sondern werden durch das Medium Story von selbst dazu: eine durch und durch sympathische Person.

Für Sie bedeutet das, nicht als „Mr. Bombastic" oder als „Nice Guy" aus der Story hervorgehen zu müssen – sondern mit einer ehrlichen, authentischen Story aufzuwarten, die man leicht nachvollziehen kann. Wir sind schließlich nicht im Western und fragen uns, wer die Guten und wer die Bösen sind.

Die Figur in der Story verändert, entscheidet, ob richtig oder nicht, ob verantwortungsvoll, als Täter oder auch als Opfer der Umstände. Entscheidend ist allein das empathische Moment: „Wie hätte ich entschieden?"

Nebenrollen stärken den Helden

Das Weiße Haus blickt auf eine lange Tradition zurück, was den Lebensstil der Bewohner betrifft. Kein US-Präsident ohne sein Haustier. Clintons Katze Socks hat oftmals „erzählt", was zu Hause los ist und was sie darüber denkt. Von George W. Bush wurde kolportiert, dass er erst zurücktritt, wenn sein Hund Barney sich von ihm abwendet (hat er nicht). Und was hat Obama seinen Töchtern Sasha und Malia versprochen, wenn er ins Weiße Haus einzieht? Natürlich einen Hund. Seine bezaubernde Frau Michelle, die ihren Gatten „das Wunder von meinem Mann" nennt, ist einverstanden.

Nun können Sie sich schon selbst einen Reim darauf machen, was in diesen Storys alles ins Unbewusste transportiert werden soll. Aber neu an dieser Darstellung sind die vielen Begleiter, von denen die Rede ist: Gattinnen, Kinder und Haustiere sind beliebte „Supporting Roles", d. h. unterstützende Rollen, wie man beim Film sagt. Der Supporting Role wird jedes Jahr sogar ein Oscar verliehen. Sie heißen so, weil sie die Hauptfigur durch ihre Gegendarstellung unterstützen und stärken. Aber ein Hund? Ganz recht, auch der „First Dog" trägt viele Facetten in sich, die auf den Präsidenten abfärben.

„Inzwischen sollten die Obamas wissen, dass alles, was sie tun, durch eine politische Brille gesehen wird", schreibt die New York Times. Die Frage nach Reinrassigkeit oder Herkunft des Tieres, Heim oder Züchter, „ist bereits zu einer kleinen Staatsaffäre geworden."

Quelle: stern.de, Jahresrückblick 2008: http://www.stern.de/panorama/:First-Dog-Staatsaff%E4re-Obamas-Hund/644776.html

Obama weiß: In guten Storys gibt es keine zufälligen Nebenrollen. Die meisten dienen dem Protagonisten, um ihm mehr Glanz zu verleihen und seine Facetten herauszustellen.

Wenn Sie mal nicht die Hauptrolle spielen
Sidekicks, auch Subsysteme genannt, befinden sich überall in Ihrer Umgebung: Ihre „bessere Hälfte", die man so nennt, weil sie positiv auf Sie abfärbt, Ihre Kinder, die allein durch ihre Existenz eine menschliche Seite zeigen, weil Sie eine Schwäche für die Kleinen haben, oder auch Ihr bester Freund. Menschen, mit

denen Sie sich gerne zeigen, sind ein Teil von Ihnen, weil sie Ihre Person transparent machen oder aufwerten. Sie sind immer eine Erwähnung in Ihrer Story wert.
Umgekehrt sind auch die „bad boys" in Ihrer Schilderung Figuren, die zu Ihrem Besten beitragen, wie der böse Nachbar, an dem Sie Ihren guten Willen demonstrieren können, indem Sie ihn die Kirschen auf Ihrer Grundstücksseite ernten lassen. Aber hier ist natürlich Vorsicht, sprich: Sensibilität geboten. Schnell setzt man sich sonst einen Heiligenschein auf oder fischt offensichtlich nach Komplimenten.

Subsysteme erzählen lassen
Wenn Sie Ihre Story nicht selbst erzählen, sondern von einem Ihrer Subsysteme erzählen lassen (wie Michelle, wenn sie erzählt, dass Barack Obama zu Hause gerne seine Socken auf dem Boden liegen lässt), ist umso mehr gewonnen: uneingeschränktes Vertrauen in den neutralen, verlässlichen Erzähler und hohes Interesse an Ihrer Person – ohne dass Sie überhaupt schon in Erscheinung getreten sind.

Sie spielen die Hauptrolle, mit Stärken und Schwächen. Aber „Nebenrollen", Personen aus Ihrem Umfeld, ergänzen und bereichern Ihre Hauptrolle. Als „Sidekick" dienen sie der vertrauensbildenden Untermauerung Ihrer positiven Facetten.

3.3 Kompatibilität und Konflikt

„Haben Sie gut hergefunden?" Eine Frage, die gestellt wird, weil alle irgendwie an einen Ort gelangt sind. Ist es deshalb interessant? Was macht eine Story zur Story? Sie langweilt nicht! Und was gehört zu einer Story unbedingt? Massenkompatibilität und Drama!

Massenkompatibilität
Jeden Tag berichtet die BILD-Zeitung von Dingen, die unter die Haut gehen. Deshalb wird sie von Millionen gelesen: Die Themen sind massenkompatibel, am eigenen Leib erfahrbar. Dadurch wird die Geschichte emotional greifbar. Nicht: „Mit Benedikt wird ein Deutscher Papst", sondern: „Wir sind Papst!" Ich als kleiner Bundesrepublikaner habe so ein klein bisschen Anteil am Weltgeschehen! Was für ein Tag!

Jeder Blockbuster ist massenkompatibel, weil er menschliche Grundbedürfnisse weckt und grundlegende Fragen stellt. Die Nicholson-Filme Besser geht's nicht oder Was das Herz begehrt: Wie werden wir mit den Launen anderer Menschen fertig? Titanic: Große Liebe versetzt Berge, aber Eisberge ...? Spiderman, Batman, Superman: Unser Wunsch nach einem Retter. Terminator, Independence Day, Twister, Der weiße Hai: nacktes Überleben. E.T.: Alles, was menschlich ist, hat unsere Liebe.

Erzählen Sie Geschichten aus dem Leben: nicht, was Sie allein beschäftigt, sondern was uns alle beschäftigt. Denken Sie für die anderen mit, überlegen Sie, was uns alle bewegt und beseelt. Das sind nicht die Helden allein, die Naturgewalt, die alles zerstört, oder die Ungerechtigkeit, die uns widerfährt, sondern es ist immer das, was Sie selbst als Protagonist daraus machen. Das nennt man in der Story-Entwicklung „Konflikt".

3. Storys entwickeln

Die Notwendigkeit, zu handeln
Welcher Konflikt birgt Ihre Geschichte? Und warum muss sie einen Konflikt enthalten? Ein Beispiel: Ein Stau auf der A3 bedeutet, dass Ihre Bewegungsfreiheit durch äußere Umstände eingeschränkt ist. Irgendwann löst sich der Stau auf und Sie fahren weiter – und Ihr Gegenüber wartet immer noch auf die „Story". Wo Sie nicht selbst das Steuer übernehmen, ist keine Geschichte. Nehmen wir einmal an, irgendwann, als Sie im Stau standen, sind Sie kurzerhand auf den Seitenstreifen geschwenkt, weil Ihre Frau hochschwanger war und plötzlich Schmerzen bekam (Notwendigkeit zu handeln!), und haben deshalb ohne Rücksicht auf die Polizei Gas gegeben – die kam Ihnen aber gleich mit Blaulicht hinterher ... und jetzt wollen alle wissen, wie es weiterging. Hat die Polizei Sie aufgehalten? Hat sie Ihnen geholfen? Hat Ihre Frau das Kind im Krankenhaus bekommen? Oder waren Sie selbst die Schwangere im Auto?
Ein Konflikt in einer Story bedeutet: die Notwendigkeit, zu handeln. Kontrollieren Sie nochmals alles, was Sie sich an Storys notiert haben, unter diesem Aspekt: In welchen Storys wird ein Konflikt ausgetragen? Drei kernige Sätze in Ihrem Notizbuch genügen schon, um einen Blockbuster zu kreieren.

Das Blockbuster-Prinzip
Die zuvor erwähnten Filme sind sogenannte Blockbuster. Eine spannende Geschichte funktioniert nach dem Blockbuster-Prinzip. Eine Geschichte ist spannend, wenn man sie in drei Sätzen packend umschreiben kann. In diesen drei Sätzen wird der nachvollzieh-

bare Konflikt in einem massenkompatiblen Stoff gelöst. Das funktioniert, wie zahlreiche Beispiele zeigen: Eine Küstenstadt wird von einem Hai bedroht. Der Strand wird aber nicht geschlossen. Und der Einzige, der die Gefahr sieht, sieht seine eigenen Kinder schwimmen gehen. Oder: Ein Außerirdischer mit sehr menschlichen Seiten wird versehentlich auf der Erde zurückgelassen. Er will nach Hause. Um Sie haben sicher erraten, um welche Filme es geht. Beides Blockbuster erster Güte.
Oder: Sie sitzen hochschwanger im Stau fest. Plötzlich setzen die Wehen ein. Aber Sie können nicht vor und nicht zurück, müssen aber vor oder zurück: Drei Sätze, ein Konflikt. Jeder Blockbuster funktioniert mit einem solch simplen Aufbau, der einen schwer auflösbaren Widerspruch in sich trägt: Fertig ist das Storygerüst.
Noch einmal zusammengefasst: Eine gute Story besteht „aus der beharrlichen Anwendung einer Reihe von grundlegenden Fragen: Was will der Held? Was hindert ihn daran, es zu bekommen?" (Mamet, David. Die Kunst der Filmregie)

Ein massenkompatibler Stoff à la BILD enthält immer die Notwendigkeit zu handeln: den Konflikt. In Blockbuster-Manier erzählt, wird die Story zum spannenden Event.

3.4 Das Setting

Kurz zu den Äußerlichkeiten: Was wollen Sie eigentlich erzählen – und was nicht? Jede Geschichte stellt Ihnen frei, was Sie über sich aussagen wollen – von der Anzugmarke bis zum Ferienziel treffen Sie entscheidende Aussagen über sich selbst. Es gilt, diese gezielt zu streuen.

Ort und Zeit
„Ich hatte ein Haus in Afrika": Schon nach dem ersten Satz in dem Kinoerfolg ‚Jenseits von Afrika' mit Meryl Streep wird das Kopfkino angeknipst. Eine Frau in Afrika, offenbar wohlhabend, in einem geheimnisvollen Land. Wie kam sie dorthin, was hält sie da? Ist sie allein? Nichts davon ist Zufall, Ort und Zeit bestimmen den Spannungsbogen, die Rahmenbedingungen bestimmen den Verlauf des Films. Allein der Ort löst Assoziationen aus. Afrika: Dunkler Kontinent, kriegerische Stämme, wilde Tiere, mittendrin eine weiße, verletzliche Europäerin. Schon wollen förmlich unsere schützenden Hände in die Leinwand greifen. Ein Rastplatz an der Autobahn ist nicht die große, weite Welt. Italien schon eher. Ein anderer Kontinent ist per se spannend.

Auch die Zeit spielt eine große Rolle. Erzählen Sie im Präsens, wenn Sie präsent sein wollen – und möglichst szenisch: „7. Juli 1985. Wimbledon, Endspiel. Matchball. Ich haue einfach drauf" (Boris Becker). Das gilt auch für die erzählte Zeit: Je näher an Ihrem aktuellen Alter, umso vernünftiger wirken Sie. Geschichten aus der Pubertät oder gar Kindheit muss man oft mit ironischer Distanz zum Besten geben.

Outfit, Styling, Takt
In einem unverlangt eingereichten James-Bond-Drehbuch aus der damaligen DDR fährt 007 mit dem Bus. Zu dieser Zeit durfte aber der Aston Martin in einem Bond-Film ebenso wenig fehlen wie der Martini, die

Vorstellung des Helden („Bond. James Bond ..."), die Frauen („Ach, James"), ein guter Anzug und natürlich „Q" mit jeder Menge technischem Schnickschnack zur Überwältigung von Schurken. Diese Accessoires haben über Jahrzehnte die Figur James Bond zu einem Erfolg gemacht. Kleider machen Leute – und Outfit und Accessoires machen die Erzählfigur.

Seien Sie achtsam beim Erwähnen Ihrer Requisiten. Um sich bodenständig zu zeigen, passen Brioni-Anzug und Zigarre schlecht. Wer feine Züge hat, prügelt sich in seiner Story nicht in der 2. Klasse um einen Sitzplatz. Wer beim anderen Geschlecht Erfolg haben will, sollte nicht etwas von dem Ex-Partner erzählen. Eine Anekdote aus der Oper verrät kulturelles Interesse, die langwierige Geschichte von einem Jazzkonzert eher Junggesellentum.

Die Dramaturgie liegt in der Veränderung. Veränderungen bewirken Sie nur, wenn die Story ein Ziel enthält und auf dem Weg dorthin Hindernisse im Weg stehen. Zu beachten sind folgende Elemente:
- *Empathie: Der Zuhörer kann das Geschehen an sich nachvollziehen. Je persönlicher die Story erzählt ist, umso eher werden Klischees vermieden.*
- *„Nebendarsteller" unterstützen Sie als Hauptperson und verleihen Glaubwürdigkeit .*
- *Eine gute Geschichte enthält immer einen Konflikt und ein massenkompatibles Thema. Beseelt wird Ihre Story mit dem Blockbuster-Prinzip.*

4. Humor im Storytelling

Können Sie unterhaltend erzählen?
Seite 55

Wo finden Sie Ihren Humor?
Seite 57

Wie setzen Sie Humor gewinnbringend ein?
Seite 59

Die Story ist angerichtet – aber haben Sie sie auch schon gewürzt? Ist Ihr Humor in der Story verankert? Oder sind Sie noch auf der Suche? Humor ist nonlinear, unkonventionell, gegenteilig, dreht das Negative zum Positiven. Humor ist die „Haltung zur Unterhaltung", Salz und Gewürz in der Suppe des Storytelling. Humor baut leicht Brücken, weil er ansteckt.

4.1 Was ist Humor – und was bedeutet er?

Erinnern Sie sich an die mit Witzen gespickte Abschiedsrede des vom Tode gezeichneten Rudi Carrell? „Die Tatsache, dass ich hier heute Abend sein kann, verdanke ich vor allem meiner Krankenversicherung, dem Klinikum Bremen-Ost und der deutschen Pharmaindustrie." Und: „Mit so einer (piepsigen, Anmerkung des Autors) Stimme kann man in Deutschland immer noch Superstar werden." Perfekte Haltungsnote: Einfach alles weggelacht. Und Lachtränen beschert. Eine menschliche Meisterleistung.
Humor ist die Art und Weise, wie wir mit den Schwierigkeiten in unserem Leben umgehen. Er zeigt sich dann, wenn wir gefordert sind, eine Situation auf eine persönliche Art zu meistern und ihr mit Stimmung zu begegnen. Humor bringt also besonders positive Facetten unserer Persönlichkeit ins Spiel.
Rudi Carrells Tenor lautet: Tumor ist, wenn man trotzdem lacht. Dafür erntet er grenzenlose Bewunderung. Humor ist die Art und Weise, mit der wir Hindernisse im Leben konstruktiv überwinden. Es gibt hässliche Wahr-

4. Humor im Storytelling

heiten und Witze, mit denen wir uns darüber trösten. So ist schwarzer Humor beispielsweise immer eine Art, mit der Tatsache umzugehen, dass wir alle mal sterben müssen – siehe Rudi Carrell. Die gute Nachricht: Es gibt nichts, was man nicht mit Humor bewältigen könnte. Denn Humor reflektiert die grundsätzliche Einstellung zum Leben: Humor ist, wenn man trotzdem lacht!

Persönliche, humorige Anekdoten
Sie besitzen einen Riesenvorteil gegenüber professionellen Komikern: Niemand erwartet von Ihnen, witzig zu sein. Wenn Sie Humor in Ihre Story einstreuen, dann nur, um Ihr Publikum zum Schmunzeln zu bringen. Solange Sie Ihr rhetorisches Ziel im Auge behalten und Ihren Humor analog zum Thema einbringen, sind Sie gegen die Gefahr der peinlichen Stille oder auch der Schenkelklopferei gefeit.

Ihren Humor können Sie beim Storytelling mit einer Aussage verknüpfen. Wie im zweiten Kapitel beschrieben, verknüpfen Sie den gegebenen Sachverhalt mit einem analogen Thema – und dazu suchen Sie im Schatzkästlein Ihrer Storys nach witzigen Geschichten. Ihr Notizbuch bekommt also ein zweites Kapitel – das Ihrer persönlichen lustigen Erinnerungen, Begebenheiten, die anderen widerfahren sind, sowie humorige Analogien, deren Grundmuster und Aussage vielleicht einmal zu einem Ihrer Themen passt.

Humor ist ein probates Mittel, Themen, Probleme und Schwierigkeiten „wegzulachen", und eignet sich daher besonders bei Problemstellungen. Dabei kommt der persönliche Humor zum Einsatz.

4.2 Haltung, Unterhaltung und gute Unterhaltung

Von vielen großen Komikern kennt man keine einzelnen Witze, sondern ihre Haltung: Oliver Hardy ist dick, Stan Laurel ist doof. Charlie Chaplin geht krumm und nimmt die Dinge, wie sie kommen. Über Buster Keaton lacht die Welt, weil er so traurig guckt. Es müssen keine Witze sein, Humor reicht vollkommen. Allein wenn Sie mit einem Lächeln im Gesicht durch die Welt gehen, haben die ernsten Gesichter um Sie herum keine Chance mehr. Dafür gibt es einen einfachen Trick: Erinnern Sie sich bei Gelegenheit an etwas, das Sie einmal unglaublich zum Lachen gebracht hat. Das stimmt positiv und verändert Ihre Haltung.

Die Haltung trägt den Auftritt
Medienmanager und -produzent Fred Kogel (ProSieben-Sat.1, Constantin) sagte über das umworbene Late-Night-Format im Fernsehen klipp und klar:

„Eine tägliche Late Night kann nur Harald. Dafür braucht man jemanden mit Haltung. (...) Deswegen kann man nicht irgendeinen Comedian nehmen und sagen: ‚Den lassen wir jetzt eine Late-Night-Show machen.'"

Kogel auf SPIEGEL online 19.12.08

Harald Schmidt, lange Jahre der beste Entertainer im deutschen TV, hätte seine Late-Night-Karriere nicht absolviert, wenn er sich nur von Gag zu Gag gehangelt hätte; es ist seine grundlegende (ironische bis sarkasti-

4. Humor im Storytelling

sche) Haltung, die beeindruckte; Themen und Gäste bilden die Projektionsfläche, die er bemalt. Das macht Schmidt aus. Haltung prägt und trägt die Unterhaltung.

Entdecken Sie Ihren Humor!
Sind Sie ironisch, sarkastisch, lieben Sie schwarzen Humor oder lachen Sie eher über die kleinen Pannen im Leben? Wie auch immer: So wie Ihr Humor das Umfeld ansteckt, so können auch Sie sich anstecken lassen. Suchen Sie sich positiv gestimmte Zeitgenossen, die sich selbst nicht zu ernst nehmen – und Ihre Stimmung wird sich heben. Verbringen Sie Ihre kostbare Zeit nicht mit Bedenkenträgern, Stirn-in-Falten-Legern und Wichtigtuern, sondern mit den Witzbolden und Stimmungskanonen in Ihrem sozialen Umfeld!

Bringen Sie sich in Stimmung!
Die formale Grundlage für Unterhaltung ist eine positive Stimmung. Kein Anreiz zum Lachen ist zu doof, wenn er nur seinen Zweck erfüllt. Wenn Sie selbst nicht gut gestimmt sind, sollten Sie nicht vorsingen.
Für Stimmung ist ausreichend gesorgt: Besorgen Sie sich einfach Material von Comedians, über die Sie lachen können. Von Helge Schneider bis Dieter Nuhr: Füttern Sie sich mit der Nahrung, die Sie in Stimmung bringt, das dient Ihrer Ausstrahlung beim Vortragen. Und niemand kann Ihnen vorschreiben, was Sie witzig finden sollen.

Ja, und ...
Ein einfacher, aber effektiver Trick, um seine Haltung positiv zu programmieren, ist die „Ja, und!-Strategie". Bei jedem „Ja, aber ...", das Ihnen auf den Lippen liegt,

formulieren Sie einen Satz mit „Ja, und ...!". Sie werden feststellen, wie schwer es ist, positiv zu denken. Griesgrämig zu sein ist viel leichter. Aber auf Dauer werden Sie diese positive „Ja, und!"-Einstellung verinnerlichen. Und das ist gut so. Schließlich besagt eine alte mongolische Reiterweisheit: „Ein Friseur, der sich freut, wird immer Kunden haben."

Humor entspringt der persönlichen Haltung. Diese trägt die Performance. Inhaltlich bringen Sie Ihre Aussage mit Ihrem Humor gewürzt zum Ausdruck. Formal können Sie sich bei großen Vorbildern selbst in eine heitere, positive „Stimmung" versetzen.

4.3 Techniken aus der Humorfabrik

Es gibt Dinge, bei denen fühlen sich alle Anwesenden schnell unwohl: Produkte der Wortspielhölle, Sarkasmus, Zynismus, politische, ethnisch gefärbte sowie gewagte Witze gehen auf Kosten anderer, womöglich sogar auf Kosten des Publikums. Aber sonst ist alles erlaubt, was die Stimmung hebt. So entsteht Harmonie zwischen Ihnen und den Zuhörern.
Literatur über angewandten Humor gibt es en masse. Hier die besten Kniffe.

Assoziationen und Bisoziationen
Frei zu assoziieren bedeutet, gedankliche Verknüpfungen zu finden. Ein Wort kann beispielsweise ein anderes hervorrufen. Lassen Sie Ihren Wahrnehmungen, auch sinnlicher Art, freien Lauf und sehen Sie, was

4. Humor im Storytelling

dann passiert: Mit einer Zitrone assoziieren Sie den Duft von Spülmittel, das erinnert Sie an die hässlichen Kultblumen, die in den Siebzigern in der Küche klebten – schon trägt Sie die Assoziation davon.

Bisoziationen durchbrechen geistige Routinen. Wenn Sie feste Denkschemata auflösen, passiert immer etwas Geistreiches. Zum Beispiel Karl Lagerfeld: „Man muss Stil haben, um ihn sich kaufen zu können." Das sind keine Humoristen, sie stellen einfach einen Begriff logisch auf den Kopf – und heraus kommt immer etwas Beachtliches, etwas, das Ihre Zuhörer so noch nicht gehört haben.

Übertreibung (Sprache, Stimme, Gestik)

Storytelling bedeutet, alle Freiheiten zu haben. Auch die der maßlosen Übertreibung. Assoziationen müssen nicht stimmig sein. So legt es Helge Schneider zum Beispiel darauf an, sich mit ihnen zu vergaloppieren und irgendwo zu landen, wo er selbst nicht weiterweiß. Wenn das Auto, von dem Sie sprechen, mal ein Truck, mal ein Mercedes ist – der Zweck heiligt die Mittel.

Wenn Sie etwas mit lauter Stimme sagen, können Sie es zudem mit großen Gesten überziehen. Wenn Sie von einem Fisch erzählen, den Sie selbst geangelt haben, wird er beim Erzählen zum Hai – mit den bloßen Händen! Solche Übertreibungen bewirken auch, dass Sie signalisieren, es wirklich gerade nicht ernst zu meinen. Hier kommt natürlich auch die Ironie zu ihrem Recht, wenn Sie mit einem Augenzwinkern das Gegenteil von dem erzählen, was wirklich stimmt.

Dreierreihe
... und dann fragte das Krokodil den Storch: „Und, wer bin ICH?" Und der Storch antwortete: „Hm, große Klappe, kleine Füße: Italiener!" Jeder Witz, der eine Geschichte erzählt, hat drei Elemente. Die „Dreierreihe" ist auch in der Rhetorik bekannt und wird akribisch eingehalten, wenn man einer Sache Nachdruck verleihen will. Niemals eine, niemals zwei, immer drei. Warum das so ist, wissen allein Vater, Sohn und Heiliger Geist.

Humor ist, wenn man trotzdem lacht: Damit kommt bereits die Grundhaltung des Humors zum Tragen: die Hindernisse im Leben positiv zu sehen und zu bewältigen. Dieses Gewürz in Ihrem Story-Gebräu macht Sie zum Entertainer. Mit nonlinearen Kunstgriffen wie Ironie oder Übertreibung erzählen Sie nach allen Regeln der Comedy vortreffliche und höchst amüsante Geschichten.

5. Vorhang auf für Ihre Storys!

Sind Sie bereit, wenn der Vorhang aufgeht?
Seite 63

Haben Sie das Rüstzeug, um Ihre Story auch live glaubhaft rüberzubringen?
Seite 67

Wie können Sie Ihrer Story noch viel mehr Nachdruck verleihen?
Seite 71

Storys geben Ihnen jeden Freiraum, den Sie haben wollen, inhaltlich, strategisch und auch körperlich. Sie sind es, der die Geschichten erzählt. Sie verkörpern die Geschichten, ob bewusst oder nicht. Sie stehen unter Beobachtung. Erzählen Sie mit Leib und Seele und Sie können die Story zu Ihrem Vorteil zum Einsatz bringen.

5.1 Storys in den Raum tragen

Storys entstehen buchstäblich im freien Raum. Zu leise, zu unauffällig, zu klein, zu bescheiden: Wer eine „Message" hat, sollte sie laut, vernehmlich, mit Händen, Füßen und Gesten verkünden – mit einem kleinen Arsenal von Tricks, mit denen Sie nicht nur zufällig anwesend, sondern auch präsent sind. Selbst wenn Sie vor dem offenen Mikro stehen: Zuhörer muss man sich verschaffen!

Körpersprache
Sind Sie ein Freund großer Worte? Tragen Sie vielleicht das Herz auf der Zunge? Reden Sie „italienisch" mit den Händen? Körpersprache unterstützt Ihre Performance und Ihre Aussagen. Auf keinen Fall sollten Sie den Versuch unternehmen, in eine (Ihnen) fremde Rolle zu schlüpfen. Nur wer authentisch rüberkommt, gewinnt – und Ihre Präsenz ist authentisch. Sie kann sogar ein Markenzeichen werden. Dafür gibt es prominente Beispiele: der nach vorne geknickte Oberkörper von Bernd Stromberg. Die verkehrsregulierende Gestik von Angela Merkel. Der unsichtbare Papagei auf der linken Schulter von Claus

Kleber, der ihm in „heute" die Nachrichten souffliert. Auf jeden Fall sollten Sie aufrecht stehen und Ihre Hände bewegen.

Tipp: Um locker zu werden, betreiben Sie kurz vor Ihrem Auftritt etwas Stretching oder umgreifen einen Türrahmen, sodass Ihr Körper eine weitere Spanne hat. Außerdem sollten Sie sich die Zeit nehmen, kurz vorher auf die Toilette zu gehen. Schon um im Spiegel nachzusehen, was Ihre Zuschauer zu sehen bekommen.

Raum einnehmen

Toben Sie sich auf der Bühne aus – sie gibt Ihnen auch im übertragenen Sinne den Raum, sich frei zu entfalten. Das verleiht Ihren Storys mehr Bedeutung. Wenn Sie auf der Bühne stehen und erzählen, ist kein Platz mehr für einen Zweiten.

Die Analyse von TV-Shows zeigt, wie Raum einnehmend man sein kann und wie man dadurch höhere Präsenz erzeugen kann. Gerhard Schröder sprach mit TV-Reportern oft erst auf Augenhöhe, wenn er auf einer Getränkekiste stand. Thomas Gottschalk ist ein absoluter Profi mit Gespür für große Gesten, aufrechte Haltung, Bewegung, Distanz und Nähe zu seinen Gästen. Eine Showtreppe ist auch kein Zufallsprodukt, sondern eine Möglichkeit des Entertainers, groß und dynamisch zu erscheinen. Der Raum ist eine Frage der Angemessenheit. Wie ein Musiker muss man sich auf jede Räumlichkeit neu einstellen. Und – tun Sie's angemessen. Der Demokrat John Kerry hat nach Expertenmeinung 2004 die Wahl zum US-Präsidenten verloren, weil er sich bei einem Mikrofonausfall mit

Brüllen beholfen hat – die mediale Übertragung dieses Auftritts stellte ihn als Idioten dar, weil der Grund für sein Brüllen nicht mit den Bildern geliefert wurde. Aber lassen Sie sich einen Raum geben und Sie können die Welt aus den Angeln heben – zum Beispiel mit einladenden und ausladenden Gesten.

Gegenstände nutzen
Der Comedy-Film ‚Kleine Haie' beginnt damit, dass Ingo Hermann einen Stuhl aus der Kneipe zum Essener Folkwang-Institut zurückbringen soll. Dabei gerät er aus Versehen in ein Vorstellungsgespräch für Schauspieler und regt sich fürchterlich – und ganz natürlich – darüber auf, wie lange man ihn „wegen diesem Scheiß-Stuhl" hat warten lassen. Die Jury ist beeindruckt: Der Tellerwäscher bekommt eine Schauspielausbildung.
Diese Geschichte ist wirklich passiert. Sie zeigt, dass Gegenstände Ihre Story untermalen können. Oder Sie machen den Gegenstand zum Gegenstand Ihrer Story: „Sehen Sie diesen Stuhl? Wenn er sprechen könnte ..."
Wenn die Eigenschaften eines Gegenstands eine Analogie zu Ihrer Aussage bilden, ist das willkommen. Der Coach-Kollege Dr. Volker von Courbière sollte zu einer Ausstellung in einer Kirche einen einleitenden Vortrag über Kunst halten. Auf der Kanzel zerstach er einen Luftballon. Das schallte durch die ganzen heiligen Hallen. Courbière begann mit den Worten: „Meine Damen und Herren, Journalisten suchen täglich nach Knall-Effekten ...", um vom Knall-Effekt auf die Kunst zu kommen. Zur Veranschaulichung seiner Ausführungen hatte er noch zwei weitere Ballons da-

bei, die ihre Wirkung nicht verfehlten und geballte Aufmerksamkeit bewirkten. Sein dozierender Nachredner hatte es schwer.

Die Stimme

Apropos ‚Kleine Haie': Der Titel geht auf den ‚Kleinen Hey' zurück, den Klassiker der Sprechausbildung mit allen Zungenbrechern, die man sich vorstellen kann – übrigens für Storyteller von hohem Nutzen, da man übt, sich nicht zu verhaspeln.

Aber Sie können noch mehr aus sich herausholen. Die menschliche Stimme ist Ihr körpereigenes Musikinstrument. Wer einmal eine Sprech- oder Gesangsstunde absolviert, weiß ein Lied von effektiver Stimmführung zu singen. Zur Darlegung der Kunstgriffe, mit denen man eine Stimme perfektioniert, ist hier nicht der Platz. Aber schon der „akustische Spiegel", das Aufnehmen und Abhören der eigenen Worte, wirkt Wunder, um sich zu kontrollieren und sich zu verbessern.

In Rollen schlüpfen

Wenn eine bekannte Figur die gleiche Aussage verkörpert wie Ihr Thema, deuten Sie sie gestisch an oder ziehen Sie ein Accessoire heran, das unweigerlich mit dieser Figur verbunden ist. Für die Aussage „Wenn ich Batman wäre" genügen zwei Finger, um die charakteristischen Öhrchen anzudeuten – und dann braucht man Batman nicht weiter zu erwähnen.

Nur für ganz Mutige: Wenn Sie in Ihrem Business der „Rocky" sein wollen, genügen ein Schlafzimmerblick oder zwei Boxhandschuhe, mit denen Sie die Konkurrenz aus den Latschen heben wollen. Als „Bond" im Auftrag Ihres Arbeitgebers mit der Lizenz zum Umsatz sprechen Sie einen „Quantum Toast" aus oder kommen in Smoking mit Martini auf die Bühne. Das funktioniert aber nur, wenn Ihr Publikum Sie kennt und erhöhte Spaßbereitschaft aufbringt. Tun Sie niemals so etwas, wenn man mit Ihnen nicht schon vertraut ist. Peter Struck als „Blues Brother" funktionierte vor seiner Truppe in Afghanistan und beim SPD-Sommerfest, auf der großen Bühne der Politik hat er das tunlichst unterlassen. Wenn eine solche Einlage nicht gelingt, sind Sie auf Bauerntheater-Niveau angelangt und Ihr Publikum ist befremdet.

Storys leben. Sie entstehen im Raum. Also nutzen Sie ihn. Denn hier befinden sich in der Regel auch jede Menge einsetzbarer Requisiten, jede Menge zu besetzender Rollen sowie ein gewaltiger Resonanzkörper – Sie selbst.

5.2 Mit Storys arbeiten

Storys sind fiktive Verhandlungsmasse. Nichts muss so sein, wie es scheint. Alles kann verändert werden. Diesen Freiraum können Sie nutzen, um Ihre Geschichte noch auf der Bühne flexibel zu gestalten, sie dem Publikum anzupassen, Reaktionen zu testen, sie zu beenden oder auch zu verwerfen.

The story must go on
Geschichten verändern sich, wenn sie erzählt werden. Und das ist gut so. Man kann sie einer spezifischen

Situation anpassen, mal das eine hinzufügen oder das andere besser weglassen – etwa wenn man nur vor Frauen oder Männern spricht. Das ist ja das Schöne an Storys: dass sie flexibel sind.

Nur eines ist tabu: Brechen Sie eine Story nicht ab. Lassen Sie sie irgendwie ausgehen, nur nicht mittendrin. Sonst ist der gesamte Zauber Ihres Auftritts erloschen. Es ist wie mit dem obersten Prinzip der Show: Egal, was passiert, sie muss weitergehen, sonst stehen die Akteure „nackt" da. Und das will niemand. Auch wenn Sie den Faden verlieren: Lassen Sie es so aussehen, als sei es beabsichtigt gewesen.

Feedback wahrnehmen
Die meisten Menschen erzählen, aber die wenigsten nehmen ihre Zuhörer wahr. Begabte Storyteller kontrollieren die Reaktion des Publikums während des Erzählens, um noch beim Erzählen die Story zu wenden, bis sie sitzt. Stand-up-Comedians sollten früh merken, wenn die Pointe nicht zündet. Dann kann es selbst noch lustig sein, wenn ein Harald Schmidt nach einem zeitversetzten Lacher meint: „Okay, der hat jetzt etwas länger gebraucht ..." Schon während des Storytelling können Sie Reaktionen bei Ihren Zuhörern bemerken. Gesichtsausdruck und Aufmerksamkeit sagen viel darüber aus, wie Ihre Geschichte gerade gedeutet wird. Dann haben Sie Gelegenheit, den Kurs zu korrigieren. Wenn Sie sichergehen wollen, versuchen Sie, ein Lächeln in das Gesicht Ihrer Zuhörer zu zaubern – und sei es durch eine direkte Ansprache.

Je länger Sie anderen zuhören, umso mehr erschließt sich deren Gedankenwelt und umso besser können Sie mit einer treffenden Geschichte aufsetzen. Die Story muss Ihrem Hörer schmecken, nicht Ihnen selbst. Oder Sie machen es gleich wie Eddie Murphy: Zu Beginn seiner Karriere stand er jeden Abend in Las Vegas auf der Bühne. Und jeden Abend versuchte er, die Lachfrequenz zu erhöhen, indem er die Gags austauschte oder anreicherte.

Mit Storys etwas demonstrieren
Mittlerweile ist es sehr beliebt, zu Beginn einer Präsentation eine Frage zu stellen: „Wer von Ihnen hat schon einmal …? Bitte die Hand heben! Okay, und wer nicht? Danke schön. Kommen wir zum Thema …" Der Effekt: Sie müssen nicht mehr um Aufmerksamkeit bitten und betteln. Mit dieser Interaktion haben Sie das Publikum geweckt, sensibilisiert und bereits auf Ihre Story hin programmiert. Noch bevor Ihr Vortrag beginnt, ist die Aufmerksamkeit da. Man ist bereits in Gedanken mit der Problematik beschäftigt, die Sie nun erzählerisch darstellen werden: „Ich selbst war auch einmal in einer solchen Situation …"

Durch Erzählen besser werden
Storytelling bereitet den meisten Menschen Spaß, je öfter sie es anwenden. Im Laufe der Zeit werden auch Sie auf diesem Terrain sicherer und realisieren, dass es Ihnen leichter fällt, Sachverhalte – auch problematische – rüberzubringen.
Eine Story, die Sie öfter erzählen, wird mit Ihren Worten immer besser werden. Sie werden passende Details dazu finden, noch bessere Worte, vielleicht auch ein noch passenderes Setting. Vielleicht passt Regen doch

5. Vorhang auf für Ihre Storys!

besser als Sonne, Frühling besser als Herbst und Karibik klingt besser als Oer-Erkenschwick. Eine unerschöpfliche Quelle sind andere Storyteller. Hören Sie einfach gut zu, wenn andere anregen und überraschen können. Dann kommen Sie von selbst darauf, warum diese Personen so viel Präsenz haben.

Rewriting
Wenn Sie eine gute Geschichte auf Lager haben, bleiben Sie dran. Erzählte Geschichten leben und sie sind nie fertig. Gute Drehbuchautoren schreiben ihr Buch, um es dann immer wieder zu „rewriten", bis es wirklich reif ist – nämlich so aufs Wesentliche verknappt, dass die Schauspieler am Set wissen, was sie zu tun haben: „Ein guter Autor wird nur dann besser, wenn er lernt zu streichen, das Schmückende, das Beschreibende, das Narrative und vor allem das tief Gefühlte und Bedeutungsvolle herauszunehmen." (David Mamet)

Geschichten für neuen Kontext aufheben
Die gleiche Story kann man oft auch in einem anderen Kontext erzählen, indem man einfach die Requisiten austauscht. Wann und wo ein Ereignis passiert, ist oft unerheblich. Wenn Sie eine Story, die Sie neulich noch vor der Handwerkskammer gehalten haben, heute vor Milchvertretern vortragen, brauchen Sie sie nur entsprechend umzubauen, sofern die Zielaussage die gleiche sein soll.

Storys können sich verändern – in der Gestaltung, beim Vortragen oder bei passender Gelegenheit. Erzählen Sie die Geschichte passend zum Anlass, interaktiv und ohne jemals abzubrechen, warum auch immer!

5.3 Sprache, Rhythmus, Timing

Je nachdem, wie Sie eine Geschichte darstellen, können Sie mit einer einfachen Geschichte alle zum Lachen bringen oder auch einer Top-Story den Tusch nehmen. Training macht den Meister!

Die Sinneskanäle aktivieren
Wir riechen, schmecken, tasten, fühlen und sehen. Wenn das Kopfkino beim Gegenüber anspringen soll, dann nach Möglichkeit in allen Sinnen! Wer erzählt, sollte bewirken, dass die Zuhörer ein Gefühl für die Sache entwickeln. Das erreichen Sie am besten, wenn Sie die Situation auf allen Kanälen beschreiben: „Die Sonne geht gerade auf, vor mir duftet der Morgentau frisch und klar, da knallt plötzlich etwas neben mir ..." Achten Sie auf die Wortwahl. „Positiv sein" ist hier das erste Gebot: „Problem" löst andere Assoziationen aus als „Herausforderung", „Chance" klingt besser als „Krise", „Menschen" wirkt liebevoller als „Leute", „Beruf" besser als „Job". Erstellen Sie für sich einen Katalog von Vokabeln, die die Wahrnehmung positiv steuern und den Hörer in eine andere Welt entführen. Zum Thema „Leidenschaft" zum Beispiel „Liebe", „Herz", „Blumenstrauß", „zu Tränen gerührt", „Wolke 7", „Flugzeuge im Bauch" ...

Timing
Schlimmer als die richtige Story am falschen Ort ist nur die schlecht erzählte Story am richtigen Ort. Bis zuletzt kann man den Punkt verpassen, an dem die Botschaft ankommt. Das ist eine Sache des Gefühls und der

5. Vorhang auf für Ihre Storys!

Beobachtung. Mit einem Blick in Ihr Publikum merken Sie schnell, ob Sie die Pointe noch etwas herauszögern müssen oder ob Sie schon spät dran sind. Wenn die Story gut ist, aber trotzdem „ein Kalter" war, macht das nichts: Das passiert selbst Harald Schmidt. Interessant ist nur, wie Sie sich da herauswinden ... the story must go on! Am besten trainieren Sie Storytelling vor dem Spiegel oder vor Eingeweihten, abends an der Bar oder als Redner bei einer Hochzeitsfeier. Nach der Lektüre dieses Buches trauen wir Ihnen zu, dass Sie es perfekt meistern werden.

Überzeugungsmuster im Auge behalten
Beginnen Sie ohne Umschweife – und erzählen Sie ohne Abschweifen. Behalten Sie immer im Auge, was Sie mit der Story zum Ausdruck bringen wollen. Dann wird Ihre Story am Ende Ihre überzeugten Zuhörer finden.

Noch ein allerletzter Tipp: Auch wenn Sie meinen, Sie seien der Profi-Storyteller schlechthin, lassen Sie es das Publikum nicht merken. Storyteller tun gut daran, ihr Herz auf der Zunge zu tragen, ein Stück ihrer kleinen, verletzlichen Seele oder Schwächen zu zeigen. Es wirkt unpassend, wenn Sie breitbeinig auf die Bühne kommen und mit breitem Lachen eine tolle Cowboygeschichte zum Besten geben. Mit der richtigen Story am richtigen Ort und zur rechten Zeit wird man Sie lieben.

Alles drin, alles dran? Die Figuren und das richtige Setting? Der Konflikt und seine Überwindung? Ein Happy End, das kompatibel mit Ihren Zielen ist? Die Botschaft? Vielleicht noch mit einer humorigen Anekdote aus Ihrem Leben gewürzt, mit einem passenden Accessoire versehen, auf den Punkt serviert? Gratulation! Dann ist die Geschichte rund und Ihr Ziel erreicht: Eine gute Geschichte gut erzählt.

Literaturverzeichnis

Und wenn Sie nicht gestorben sind, lesen Sie noch heute:

- Amon, Ingrid: Die Macht der Stimme. Redline Verlag, 4. Auflage 2007

- Campbell, Joseph: Der Heros in tausend Gestalten. Insel Verlag, Neuauflage 2009

- Frenzel, Karolina; Müller, Michael; Sottong, Hermann: Storytelling. Das Ahrun-Al Rashid-Prinzip. Carl Hanser Verlag 2004

- Hey, Julius: Der kleine Hey. Die Kunst des Sprechens. Schott Verlag, 52. Auflage 2004

- Johnstone, Keith: Improvisation und Theater. Alexander Verlag, 9. Auflage 1993

- Mamet, David: Die Kunst der Filmregie. Alexander Verlag, 4. Auflage 2003

- McKee, Robert: Story. Die Grundprinzipien des Drehbuchschreibens. Alexander Verlag, 5. Auflage 2008

- Nöllke, Matthias: Anekdoten. Geschichten. Metaphern. Haufe Verlag 2002

- Simmons, Annette: Storyfaktor. Mit guten Geschichten Menschen gewinnen. Dva 2002

- Simoudis, Georgios: Storytising. Geschichten als Instrument erfolgreicher Markenführung. Sehnert Verlag 2004

- Stevenson, Doug: Die Storytheater-Methode. Strategisches Geschichtenerzählen im Business. GABAL Verlag 2008

Register

Analyse 41f., 64
Assoziationen 18, 52, 59f., 71

Bild 11f., 14-18, 20f., 30, 34ff., 40, 65
- Großes 35
- Kleines 35
Bisoziationen 59f.
Blockbuster-Prinzip 50, 53

Dreierreihe 61

Emotionen 11-18, 21, 36, 40, 44, 49
Empathie 17, 43f., 46, 53
Erklärungsstory 34-37

Gewohnheiten 9

Haltung 10, 55, 57ff., 64
Humor 7, 55-61

„Ja, und!"-Strategie 58

Körpersprache 63
Konflikt 6f., 48-51, 53, 73

Massenkompatibilität 49
Muster 41f., 56, 72

Neuronale Netzwerke 19f., 33

Obama-Faktor 27
Open-Ended Story 30, 32, 37

Personality Story 25ff., 29, 37

Rewriting 70
Rhythmus 71

Seeding Story 23, 25, 30, 37
Selbstinszenierung 18f., 21
Setting 51, 69, 73
Sidekick 47f.
Sprache 60, 71
Stimme 60, 66
Story
- Besetzung 45
- Archiv 40, 42
Storytelling
- Strategisches 39

Thema 12-15, 19, 21, 29, 39f., 42, 53, 56, 66, 69, 71
Timing 71
Transderivationale Prozesse 17

Überzeugungsstorys 32-37

Unterbewusstsein 13
Unterhaltung 9ff., 21, 55, 57f.

Wahrnehmung 16, 59
- Steuerung 17f., 71
- Veränderung 42
Wertebekenntnisse 26
Wirkung 12, 66

schafft Wirkung®

Vorträge und Moderationen für Ihre Veranstaltung

Als einer der erfahrensten Infotainer Europas hat Cristián Gálvez auf unzähligen Live-Events Menschen inspiriert und motiviert. Seine Referenzen lesen sich wie das „Who-is-Who" der Unternehmenswelt.

Cristián Gálvez schafft Emotionen und bewegt Menschen. Der Moderator, Referent und Coach lebt den anregenden und überraschenden Dialog. Begeisternd, erfrischend und kompetent - und jederzeit praxisrelevant.

Cristián Gálvez erhält beste Bewertungen und überzeugt durch:

→ Erfahrung aus über 6.000 Präsentationen
→ Professionelle Einarbeitung in Ihre Themen
→ Intelligentes und kurzweiliges Infotainment
→ Integration modernster Erkenntnisse aus Psychologie und Wirtschaft

Das umfangreiche Info-Paket mit DVDs, Vortragsthemen, Moderationen, Presse und Referenzen erhalten Sie gratis unter **www.galvez.de**

Professionelles Storytelling für Ihre Veranstaltung

Improvisationstheater ist die Kunst, spontan Geschichten zu erzählen. Die ImproAG beherrscht das improvisierte Storytelling und macht aus einer üblichen Frontalveranstaltung ein interaktives Erlebnis. Vor Ihren Gästen entstehen anspruchsvolle Szenen rund um Ihre Botschaften, die bis in die letzte Reihe begeistern.

Ihr Nutzen:
- Ihre Botschaften bleiben hängen.
- Ihre Gäste werden positiv emotional berührt. Beste Stimmung garantiert!
- Sie erleben ein hohes Maß an Kreativität und Einzigartigkeit.

Echte Profis garantieren zeitgemäßes Infotainment immer entlang Ihrer Botschaften.

Weitere Informationen unter www.improAG.de oder unter der Rufnummer +49 (0)221 95 64 90-300.

Die 30 Minuten-Reihe
Prägnant, praxisorientiert, vielseitig

Lothar J. Seiwert, Wolfgang Maison, Holger Wöltje
30 Minuten Zeitmanagement mit iPhone
ISBN 978-3-86936-030-0

Stefanie Demann
30 Minuten Selbstcoaching
ISBN 978-3-86936-026-3

Alexander Groth
30 Minuten Stärkenorientiertes Führen
ISBN 978-3-86936-0

Svenja Hofert, Nicola Bock
30 Minuten Bewerben auf Englisch
ISBN 978-3-86936-027-0

Detlef Bührer
30 Minuten gegen Lampenfieber
ISBN 978-3-89749-931-7

Matthias Garten
30 Minuten für die professionelle Multimediapräsentation
ISBN 978-3-89749-9

Claudia Fischer
30 Minuten Business-Telefonate, die begeistern
ISBN 978-3-86936-025-6

Marc Tscheuschner, Hartmut Wagner
30 Minuten TMS – Team Management System
ISBN 978-3-86936-024-9

Cristián Gálvez
30 Minuten Storytelling
ISBN 978-3-86936-0

Jeder Band 80 Seiten, 11x18 cm, 2-farbig, empfohlen von
€ 6,50 (D) / € 6,70 (A) / sFr 12,00

Weitere Informationen finden Sie unter www.gabal-verlag.de